Mangotaartje met passievruchtmousseline

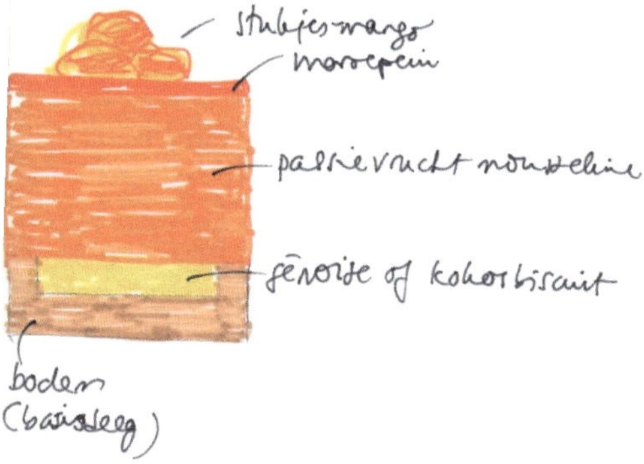

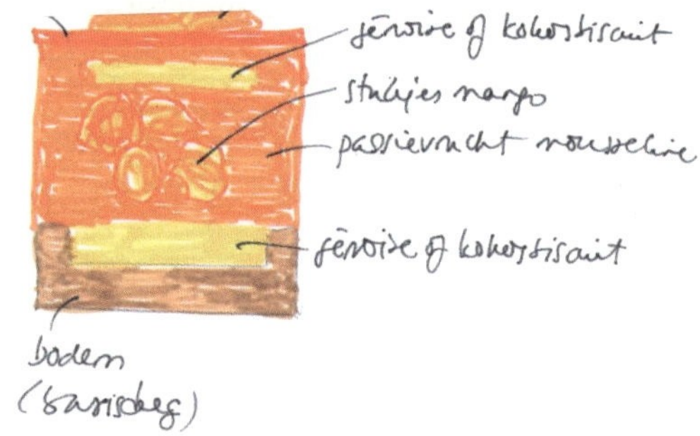

Frambozenmoussetaartje

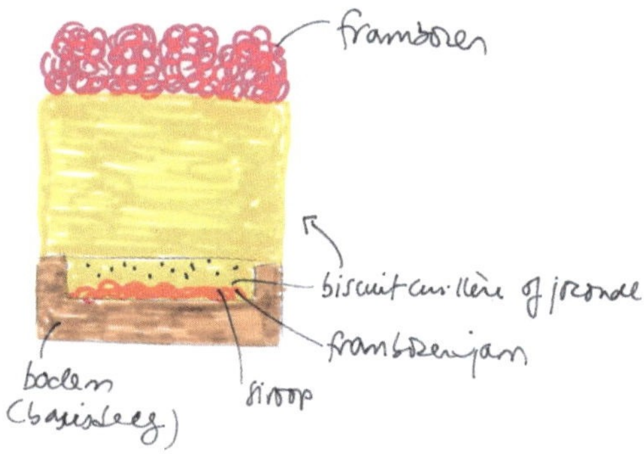

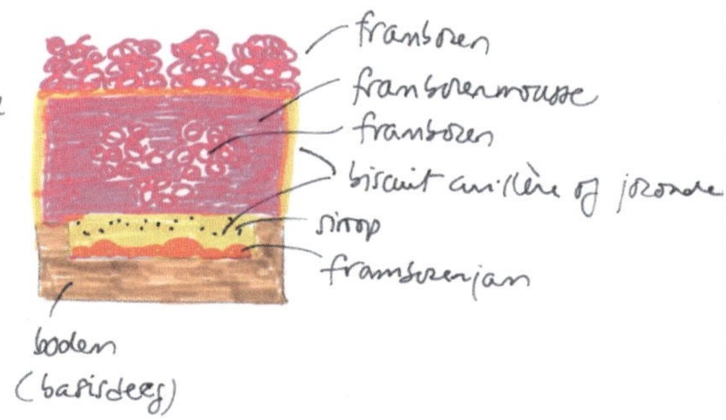

Vanillemoussetaartje met fruitgelei

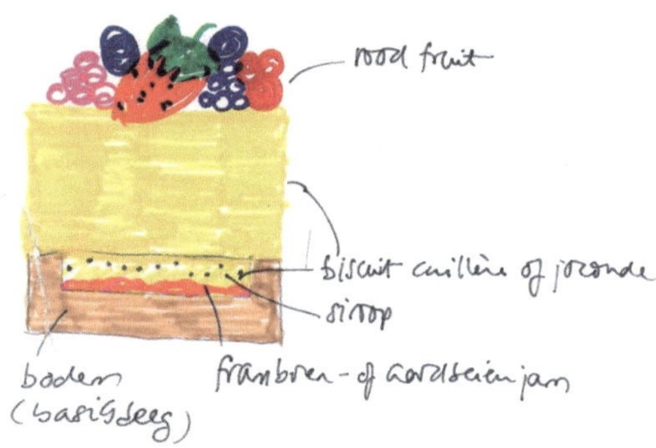

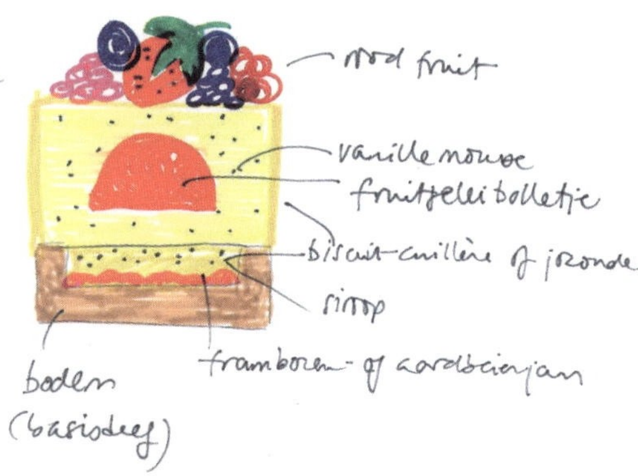

Nog meer
KLEINE TAARTJES

Petit gâteau

Nog meer KLEINE TAARTJES

voor louis, lucas, jules en patrice

KOSMOS

KOSMOS UITGEVERS, UTRECHT/ANTWERPEN

Ook verkrijgbaar van Petit gâteau:

www.kosmosuitgevers.nl

Eerste druk, 2020

Tekst en receptuur: Meike Schaling
Culinaire redactie: Charlot van Scheijen
Eindredactie: Trijnie Duut
Fotografie: Renée Frinking
Styling: Nicole de Werk
Vormgeving en omslagontwerp: Tijs Koelemeijer
Vormgeving binnenwerk: Wouter Eertink

ISBN 978 90 215 7862 0
ISBN e-book 978 90 215 7863 7
NUR 440

INHOUD

VOORWOORD

Iedereen heeft zoveel plezier met het bakken van onze kleine taartjes, dat mij werd gevraagd of ik een vervolg kon schrijven op mijn eerste boek, *Kleine taartjes*. Nu staan er in het eerste boek al veel van mijn geheimen, maar het is toch gelukt om voor dit vervolg veel mooie nieuwe taartjes te verzinnen.

In het eerste boek staan de basisrecepten van deeg, crumbles, crèmes, fruitbereidingen en ganaches. In dit boek ga ik iets verder met verschillende bodems, texturen en technieken. De taartjes zijn iets complexer qua opbouw, maar heel leuk om te maken. En natuurlijk *très bon*!

Ik krijg regelmatig mails binnen met de vraag of we ook een glutenvrije, lactosevrije of vegan bodem kunnen maken. Ik ben dus met mijn team de bakkerij ingedoken om allerlei bodems te testen. Toen we eenmaal bezig waren, vonden we het zo leuk dat we ook allerlei alternatieve vullingen hebben getest. We hebben niet voor álle recepten een goed alternatief gevonden, maar ik hoop toch dat ik jullie een beetje op weg kan helpen met deze basis.

Succes!

Meike

dō
easy to make, ready to bake
milk chocolate chip cookie mix
petit gâteau
dō
easy to make, ready to bake
white chocolate chip cookie mix
petit gâteau
dō
easy to make, ready to bake
triple chocolate chip cookie mix
petit gâteau
white chocolate raspberry cookie mix
dō
easy to make, ready to bake
banana bread mix
dō
easy to make, ready to bake
carrot cake mix
dō
easy to make, ready to bake
dō
easy to make, ready to bake
milk chocolate chip cookie mix
dō
easy to make, ready to bake
white chocolate chip cookie mix
dō
easy to make, ready to bake
triple chocolate chip cookie mix

PETIT GÂTEAU

Dit is al het derde boek (*Kleine taartjes*, 2018 en *Kleine hartige taartjes*, 2019) dat ik schrijf en ik denk dat velen van jullie het verhaal van *Petit gâteau* al kennen. Toch vertel ik ons avontuur nog even in het kort. En voor degenen die ons verhaal al kennen: er is weer heel wat gebeurd sinds het vorige boek.

Van au-pair tot tolk tot chef-patissier

Ik ben op mijn achttiende naar Parijs gegaan als au-pair en ben 25 jaar later weer naar Nederland gekomen met mijn kinderen Louis, Lucas en Jules (en katten Luna en Pinou), mijn Franse man Patrice, en natuurlijk *Petit gâteau*.

In Frankrijk heb ik eerst netjes gestudeerd aan de tolkschool (want wie wordt er nou patissier met een gymnasiumdiploma?). Daarna heb ik tien jaar getolkt met mijn eigen tolkbureau, om uiteindelijk toch mijn patisseriediploma te halen aan de *École de Boulangerie et de Pâtisserie de Paris* (én in een restaurant met Michelinster te werken). In 2006 opende ik mijn eigen patisserie, *Petit gâteau*, iets waar ik als klein meisje al van droomde.

In 2012 kwamen we naar Nederland. Na een jaar lang op markten en vanuit ons huis taartjes te hebben verkocht, opende ik in 2013 met Patrice onze eerste vestiging in Amsterdam, in de Haarlemmerstraat. De bakkerij bevindt zich in de winkel, zodat iedereen kan zien wat we maken. Je kunt boven thee en koffie drinken met een taartje, of je kunt een workshop volgen.

Een jaar later openden we onze tweede vestiging in Amsterdam, in de Foodhallen: een oude tramremise omgebouwd tot een enorme hal met 21 restaurantjes, met een rijk aanbod aan *street food*. Je kunt er lekker zitten en genieten van de goede vibe en het heerlijke eten.

Daarna openden we nog twee vestigingen, maar die hebben het niet gehaald. Eén door de slechte locatie en één door Covid-19, helaas.

Nu we het er toch over hebben, dit boek schrijf ik midden in de coronacrisis en we doen ons best om te overleven met *Petit gâteau*. Tijdens de bijna drie maanden durende 'lockdown' is het mij opgevallen dat opeens iedereen ging bakken. De verkoop van mijn boeken steeg en er was geen bloem of meel meer te vinden bij de supermarkt. Bloem was het nieuwe goud. Ik had al een tijdlang het idee om een lijn met bakmixen op te zetten, maar het kwam er nooit van. Dit was onze kans! We wilden in deze crisistijd een nieuw product op de markt brengen met zo min mogelijk investeringen, maar het moest er wél mooi uitzien. Tein, mijn supervormgever, ontwierp een prachtig logo en hele mooie etiketten, ik vond leuke zakjes en deponeerde meteen de naam en het logo. Met mijn team testte ik de recepten, terwijl we ook snel alle voedingswaarden lieten berekenen voor op de verpakking, want je moet je wel aan allerlei regels houden als je iets op de markt wilt brengen.

Louis, mijn oudste zoon die net is afgestudeerd aan de filmschool in Parijs, filmde ons tienjarige buurmeisje Soetkin, filmster én keukenprinses. Zij zou wel eens even laten zien hoe makkelijk en lekker alle bakmixen waren. Deze promotiefilmpjes gaan we gebruiken voor de marketing. Dat gedeelte pakt Lucas op, mijn middelste zoon. Hij is niet alleen patissier, maar studeert ook business en marketing. Jules, mijn jongste zoon die nu ook in de patisserie werkt, vult de zakjes een voor een met onze bakmixen die we maken volgens onze eigen, geheime receptuur. Een echt familiebedrijf dus, en ambachtelijker kan niet. Zo is ***dō**, easy to make, ready to bake*, ontstaan.

VOORDAT WE BEGINNEN

Dit boek is opgebouwd uit verschillende hoofdstukken, zodat je kunt *mixen* en *matchen*.

We beginnen met verschillende soorten deeg voor de taartbodem. Je kiest een soort deeg dat past bij de rest van de smaken in het taartje. De meeste taartjes in dit boek bak je blind (leeg), waarbij de vulling dus niet direct wordt meegebakken. De vulling maak je apart en doe je in het afgebakken taartje, maar dat leg ik allemaal nog uit.

Dan volgt er een hoofdstuk met allerlei biscuits. Een biscuit is als het ware een zacht cakelaagje dat je in de krokante taartbodem legt, wat zorgt voor verschillende texturen. Ook hier kun je kiezen uit allerlei smaken en soorten.

Daarna komen de crèmes en mousses, waarmee je de taartjes gaat vullen. Die kun je combineren met fruit en chocolade. Dat leg ik aan de hand van een aantal voorbeelden uit in de hoofdstukken Fruittaartjes en Chocoladetaartjes. De voorbeelden die ik geef brengen je hopelijk op goede ideeën!

Zo stel je met dit boek dus je eigen *petit gâteau* samen: je kiest een taartbodem, een biscuit en een vulling.

Als bonus staat er aan het einde van het boek een hoofdstuk met invloeden uit het buitenland, om te laten zien dat je echt van alles kunt verzinnen met de taartjes.

Ik heb geprobeerd om zoveel mogelijk glutenvrije, lactosevrije en vegan versies te geven. Ben je op zoek naar meer vullingen, dan kunnen de recepten uit *Kleine taartjes* ook vaak worden aangepast en gecombineerd met de recepten uit dit boek. Oh ja, ik heb de lactose vervangen door producten op basis van soja, maar er zijn natuurlijk ook andere plantaardige producten die je kunt gebruiken. Probeer het maar eens!

De meeste recepten zijn voor twaalf taartjes, maar soms blijft er iets over. Het is namelijk technisch niet altijd mogelijk om ergens een kleinere hoeveelheid van te maken. Je kunt wat je over hebt dan invriezen voor een volgende keer of het voor iets anders gebruiken, zoals een dessert.
Om taartjes te vullen met mousse gebruiken we acetaatfolie. Dat is een plastic band die we aan de binnenkant van een ring plaatsen, zodat we het taartje kunnen vullen. Na het opstijven in de koelkast of diepvries verwijderen we hem. Zo voorkomen we dat het taartje beschadigt en blijft de vulling niet aan de ring plakken. Deze plastic rand kan natuurlijk niet in de oven.

HANDIGE ADRESSEN

- Bouwhuis, voor bakgereedschap (www.bouwhuis.com).
- Dille & Kamille, voor bak- en kookgereedschap (www.dille-kamille.nl).
- Duikelman, voor bak- en kookgereedschap (www.duikelman.nl).
- Je kunt bij Petit gâteau (www.petitgateau.nl) terecht voor de bakringen met een diameter van 6 cm en voor een workshop.

PRAKTISCH

- Overgebleven deeg of biscuit kun je invriezen.
- De afgebakken taartbodems blijven een maand goed en krokant in een afgesloten trommel. Je kunt ze ook altijd nog even oppiepen in de oven.
- Crèmes moet je meteen gebruiken (behalve amandelcrème en crème au beurre, die wel ingevroren kunnen worden). Als je crème over hebt, dan kun je er meestal een dessert van maken door de crème bijvoorbeeld in een mooi glaasje te gieten.
- Ganaches kun je invriezen.

EXTRA INFO

In dit boek worden de volgende bakgereedschappen gebruikt, buiten de basisgereedschappen zoals kommen, gardes, pannenlikkers, enzovoort:

- een rol acetaatfolie (5 cm)
- bakringen van 6 cm doorsnee met een hoogte van 1,6 cm
- een uitsteekring van 8 à 9 cm
- een uitsteekring van 5 cm
- een uitsteekring van 3 cm
- rubberen meetringen voor de deegroller, voor het gelijkmatig uitrollen van deeg
- een staande mixer
- een staafmixer
- een blender
- een suikerthermometer
- een paletmes
- 2 of 3 siliconen bakvormen voor halve bolletjes van 5 cm
- 1 siliconen bakvorm voor halve bolletjes van 2 cm
- spuitzakken
- een glad spuitmondje van circa 1 cm
- een klein kartelspuitmondje
- een groot kartelspuitmondje

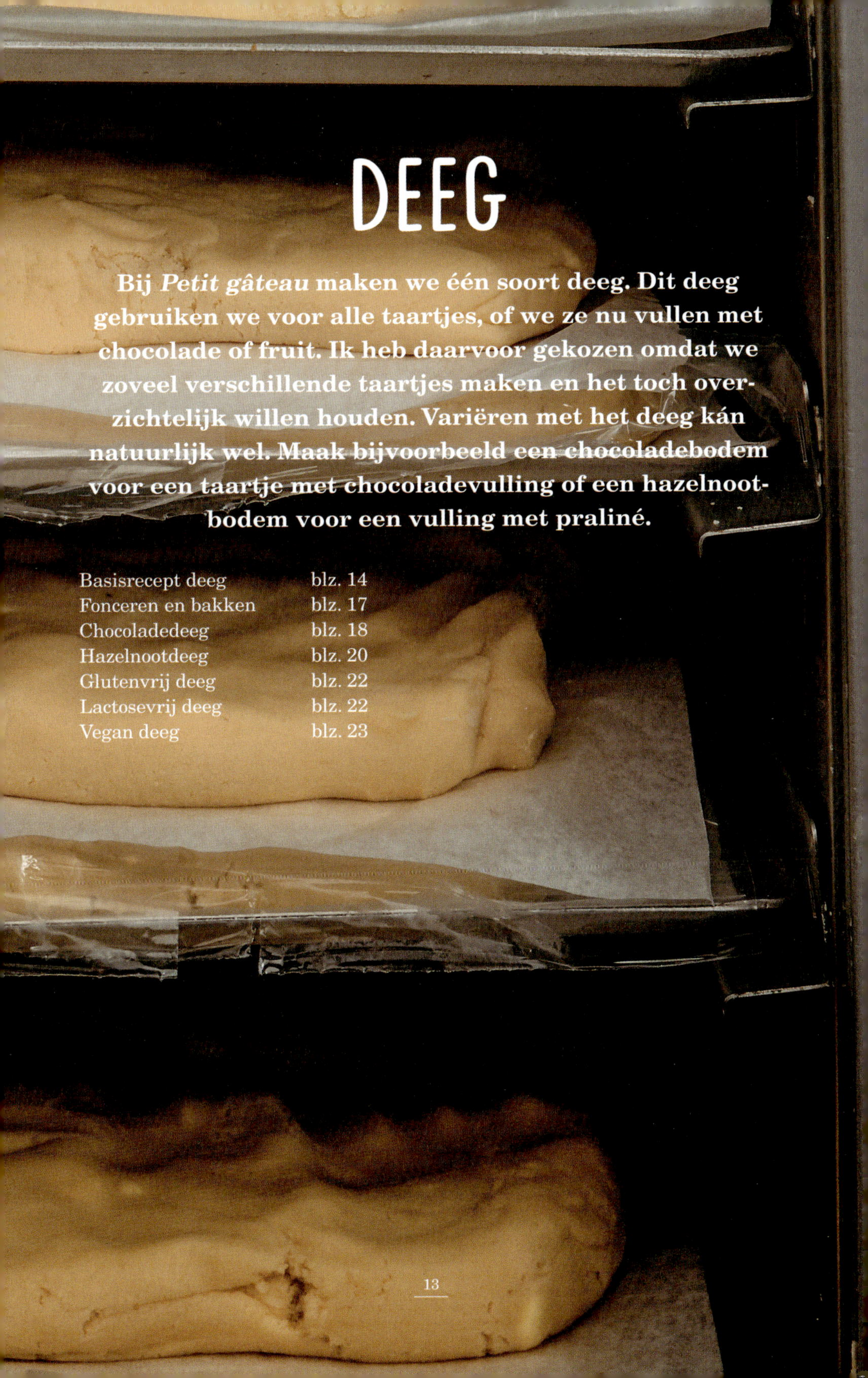

DEEG

Bij *Petit gâteau* maken we één soort deeg. Dit deeg gebruiken we voor alle taartjes, of we ze nu vullen met chocolade of fruit. Ik heb daarvoor gekozen omdat we zoveel verschillende taartjes maken en het toch overzichtelijk willen houden. Variëren met het deeg kán natuurlijk wel. Maak bijvoorbeeld een chocoladebodem voor een taartje met chocoladevulling of een hazelnootbodem voor een vulling met praliné.

BASISRECEPT DEEG

160 °C / 170 °C - 20 à 25 minuten

Het deegrecept is voor 12 taartjes van 6 cm doorsnee. De ringen die wij gebruiken komen uit Frankrijk en zijn niet altijd makkelijk te vinden in Nederland, maar bij Petit gâteau verkopen we ze ook.

120 g bloem
50 g poedersuiker
20 g amandelmeel
mespunt zout
75 g koude boter
1 biologisch ei (circa 12-14 g)

- Doe de bloem, poedersuiker, het amandelmeel en zout in een kom.
- Breek de koude boter in stukjes en verdeel die over de droge ingrediënten.
- Wrijf de boter en de droge ingrediënten door elkaar net zolang tot er een kruimelig deeg ontstaat.
- Kluts het ei.
- Doe 12 à 14 g ei bij het deeg en kneed alles tot een samenhangende deegbal. Als het deeg erg plakkerig is, voeg je een beetje bloem toe; als het deeg te droog is een paar druppels ei.
- Verpak de deegbal in plasticfolie en leg de bal 1 uur in de koelkast.
- Je kunt dit basisdeeg een smaakje geven door het merg van ½ vanillestokje, de geraspte schil van een onbespoten citroen of sinaasappel of een theelepel speculaaskruiden toe te voegen.

FONCEREN EN BAKKEN

Fonceren is het aanbrengen van deeg in een bakring. Voor een bakring van 6 cm doorsnee heb je een uitsteker van 8 à 9 cm doorsnee nodig. Je moet immers niet alleen de bodem (6 cm), maar ook de zijkant van de ring met deeg bedekken.

- Haal het deeg uit de koelkast en kneed het nog even.
- Bestuif het werkvlak en de deegroller met een beetje bloem.
- Druk de deegbal plat en rol het deeg gelijkmatig uit tot ongeveer 3 mm dik.
- Steek rondjes uit met de uitsteker.
- Leg het deegrondje op de taartring en druk het deeg voorzichtig naar beneden en tegen de wanden van de ring aan.
- Snijd het overtollige deeg netjes langs de rand weg en prik met een vork een aantal gaatjes in de bodem.
- Rol het overgebleven deeg opnieuw uit en steek weer rondjes uit, tot het deeg op is.
- Zet de gefonceerde taartjes 30 minuten in de koelkast.
- Verwarm de oven voor tot 160 °C / 170 °C.
- Leg de taartbodems (leeg) op een met bakpapier beklede bakplaat. Bak de taartjes in ongeveer 20 à 25 minuten gaar. De baktijd hangt af van de oven en de temperatuur.
- Houd de taartbodems de eerste minuten in de gaten. Soms komen ze omhoog; prik in dat geval dan nog een paar gaatjes in de bodem.

CHOCOLADEDEEG

160 °C / 170 °C - 20 à 25 minuten

Je zou wat cacao door het basisdeeg kunnen doen, maar met dit speciale chocoladedeegrecept wordt het nóg lekkerder.

70 g zachte boter
45 g poedersuiker
15 g amandelmeel
10 g cacao
mespunt zout

½ biologisch ei
15 g gesmolten pure chocolade (70% vaste cacaobestanddelen)
115 g bloem

- Meng de boter met de poedersuiker, het amandelmeel, de cacao en zout in een kom.
- Kluts het ei.
- Doe de helft van het geklutste ei bij het botermengsel, voeg de gesmolten chocolade toe en daarna de bloem.
- Kneed alles tot een samenhangende deegbal.
- Verpak de deegbal in plasticfolie en leg het deeg ½ dag (circa 4 uur) in de koelkast.

HAZELNOOTDEEG

160 °C / 170 °C - 20 à 25 minuten

Dit deeg is perfect in combinatie met praliné, maar ook met chocolade. We gebruiken dit deeg ook voor de Linzertorte met frambozenjam van bladzijde 139.

80 g bloem
1 mespunt kaneel
32 g hazelnootpoeder
32 g amandelmeel
½ vanillestokje
48 g poedersuiker
geraspte schil van een ½ onbespoten citroen
eidooier van 1 biologisch ei
70 g boter, op kamertemperatuur, in blokjes

- Zeef de bloem met de kaneel in een kom.
- Voeg het hazelnootpoeder en amandelmeel toe.
- Snijd het ½ vanillestokje in de lengte open en schraap met een mes het merg eruit.
- Maak een kuiltje in het midden en doe daar de vanille, poedersuiker, geraspte schil van de citroen, eidooier en blokjes boter in.
- Kneed alles tot een samenhangende deegbal.
- Verpak de deegbal in plasticfolie en leg het deeg 1 uur in de koelkast.

GLUTENVRIJ DEEG

160 °C / 170 °C - 20 à 25 minuten

Na veel te hebben getest met allerlei soorten glutenvrije bloemsoorten, zijn we tot het onderstaande resultaat gekomen. Dit werkt top!

70 g boter, op kamertemperatuur
15 g rietsuiker
30 g poedersuiker
15 g amandelmeel
mespunt zout
½ biologisch ei
100 g rijstebloem
25 g maïzena

- Roer de boter met de riet- en poedersuiker romig.
- Voeg het amandelmeel en zout toe.
- Kluts het ei en voeg ongeveer de helft toe.
- Meng de rijstebloem en maïzena in een kom en voeg beetje bij beetje toe aan de rest.
- Kneed alles tot een samenhangende deegbal.
- Verpak de deegbal in plasticfolie en leg het deeg 1 uur in de koelkast.

LACTOSEVRIJ DEEG

160 °C / 170 °C - 20 à 25 minuten

Voor lactosevrij deeg hebben we het originele deegrecept van *Petit gâteau* genomen en de boter simpelweg vervangen door plantaardige margarine. Het deeg was te droog, maar met een beetje meer ei was het probleem opgelost!

120 g bloem
50 g poedersuiker
20 g amandelmeel
mespunt zout
75 g plantaardige margarine, koud
1 biologisch ei (20 g)

- Doe de bloem, poedersuiker, het amandelmeel en zout in een kom.
- Breek de koude plantaardige margarine in blokjes en verdeel die over de droge ingrediënten.
- Wrijf de margarine en de droge ingrediënten met je vingertoppen net zolang door elkaar tot er een kruimelig deeg ontstaat.
- Kluts het ei.
- Doe 20 g ei bij het deeg en kneed alles tot een samenhangende deegbal. Als het deeg erg plakkerig is, voeg je een beetje bloem toe; als het deeg te droog is een paar druppels ei.
- Verpak de deegbal in plasticfolie en leg het deeg 1 uur in de koelkast.

VEGAN DEEG

160 °C / 170 °C - 20 à 25 minuten

Vegan bakken is echt helemaal nieuw voor ons en iedere keer is het weer spannend om te zien of iets is gelukt of niet. En het belangrijkste: of het ook lekker is! Het deeg is de basis van ons product, dus het moet perfect zijn. We begonnen met ons eigen deeg en vervingen net als bij de lactosevrije versie de boter door plantaardige margarine en het ei door sojamelk. Niets op aan te merken, je ziet en proeft het verschil niet eens. Opeens ging er een hele wereld van kleine vegan taartjes voor ons open ...

120 g bloem
50 g poedersuiker
20 g amandelmeel
mespunt zout
75 g plantaardige margarine, koud
20 g sojamelk

- Doe de bloem, poedersuiker, het amandelmeel en zout in een kom.
- Breek de koude plantaardige margarine in stukjes en verdeel die over de droge ingrediënten.
- Wrijf de margarine en droge ingrediënten met je vingertoppen net zolang door elkaar tot er een kruimelig deeg ontstaat.
- Doe 20 g sojamelk bij het deeg en kneed alles tot een samenhangende deegbal. Als het deeg erg plakkerig is, voeg je een beetje bloem toe; als het deeg te droog is, een paar druppels sojamelk.
- Verpak de deegbal in plasticfolie en leg het deeg 1 uur in de koelkast.

BISCUITS

Vaak gebruiken we biscuit (een soort cake, maar dan luchtiger) voor het maken van taarten en gebak. Er bestaan heel veel soorten biscuits. Ik heb de biscuits gekozen die het beste passen bij de taartbodems en vullingen in dit boek.

Voor veel recepten moet je een rond schijfje biscuit uitsteken voor in de taartbodem. Soms moet je ook een reep biscuit snijden om een opstaande rand van te maken. Meestal bakken wij de biscuits op een bakplaat en strijken we het beslag uit, maar je kunt de biscuit ook in een ronde bakvorm bakken als het beslag te vloeibaar is en daarna in schijven snijden.

Je kunt de biscuit besprenkelen met trempeersiroop (zie blz. 44) of bestrijken met jam om de biscuit extra lekker te maken.

Er blijft waarschijnlijk wat biscuit over, maar voor een optimaal resultaat kun je het recept vaak niet halveren. Als je namelijk een biscuit maakt, moet je ervoor zorgen dat het beslag heel luchtig blijft. Doe je dat niet, dan wordt je biscuit net een beschuit, terwijl een biscuit juist soepel en zacht hoort te zijn. Die juiste luchtigheid bereik je alleen maar door het in een redelijk grote hoeveelheid op te kloppen. Overgebleven biscuit kun je gewoon invriezen voor een volgende keer.

BASISBISCUIT (GÉNOISE)

Basisbiscuit noemen we in Frankrijk génoise ('kapsel' in het Nederlands) en kun je voor heel veel soorten taart gebruiken. Je kunt er een chocoladebiscuit van maken door 25 g bloem te vervangen door 25 g cacao.

125 g bloem
4 biologische eieren
125 g fijne kristalsuiker

- Verwarm de oven voor tot 180 °C.
- Zeef de bloem (en de cacao als je een chocoladebiscuit maakt).
- Verwarm de eieren met de fijne kristalsuiker in een vuurvaste kom onder voortdurend kloppen au bain-marie*. Blijf kloppen totdat het mengsel 50 °C heeft bereikt; dat kan wel even duren.
- Giet vervolgens het beslag over in een andere kom (pas op, de kom is heet) en klop met een garde of handmixer net zolang tot het eimengsel is afgekoeld. Het beslag moet heel luchtig zijn.

- Spatel de helft van de bloem heel voorzichtig erdoor en daarna de rest van de bloem. Let op, want soms zit er nog bloem in het beslag 'gevouwen'. Spatel niet te lang. Hoe langer je spatelt, hoe meer lucht verloren gaat en hoe vloeibaarder het beslag vervolgens wordt.
- Schep het beslag op een met bakpapier beklede bakplaat en strijk het beslag met een paletmes uit tot circa 1 cm dik. Druk niet te hard, zodat het beslag luchtig blijft.
- Bak de génoise in 8 à 10 minuten gaar.
- Haal de génoise meteen van de bakplaat af en laat hem op een rooster afkoelen (met het bakpapier er nog aan vast).
- Leg een nieuw stuk bakpapier op de afgekoelde génoise en keer de génoise om op het werkblad. Nu kun je voorzichtig het bakpapier ervan aftrekken.
- Je kunt de génoise meteen gebruiken of in plasticfolie inpakken en invriezen voor later.

* Au bain-marie: doe de ingrediënten die je moet verwarmen in een vuurvaste kom. Zet deze kom op een steelpannetje met daarin een laagje water en zorg ervoor dat de kom het water niet raakt. De kom wordt op deze manier geleidelijk door de stoom verwarmd, waardoor de ingrediënten niet te heet kunnen worden.

AMANDELBISCUIT

Deze biscuit is iets verfijnder dan de génoise en heeft mijn persoonlijke voorkeur. Je kunt een kokosbiscuit maken door het amandelmeel te vervangen door 55 g geraspte kokos en 10 g amandelmeel. Lekker in combinatie met tropische vruchten!

65 g bloem
65 g amandelmeel
5 biologische eieren
30 g fijne kristalsuiker +
125 g fijne kristalsuiker

- Verwarm de oven voor tot 200 °C.
- Zeef de bloem en meng met het amandelmeel.
- Scheid 4 van de 5 eieren.
- Klop met een elektrische handmixer of in een staande tafelmixer het eiwit met de 30 g fijne kristalsuiker stijf.
- Klop in een andere kom de 4 eidooiers, het resterende hele ei en de 125 g fijne kristalsuiker heel luchtig.
- Spatel de helft van het stijfgeslagen eiwit door het ei-suikermengsel en daarna de helft van het bloem-amandelmeelmengsel.
- Spatel de andere helft van het eiwit door het beslag en vervolgens de rest van het bloem-amandelmeelmengsel. Spatel voorzichtig, zodat het beslag zo luchtig mogelijk blijft.
- Schep het beslag op een met bakpapier beklede bakplaat en strijk het beslag met een paletmes uit tot circa 1 cm dik. Druk niet te hard, zodat het beslag luchtig blijft.
- Bak de amandelbiscuit in circa 10 minuten gaar.
- Haal de biscuit meteen van de bakplaat af en laat op een rooster afkoelen (met het bakpapier er nog aan vast).
- Leg een nieuw stuk bakpapier op de afgekoelde biscuit en keer de biscuit om op het werkblad. Nu kun je voorzichtig het bakpapier van de biscuit aftrekken.
- Je kunt de biscuit meteen gebruiken of in plasticfolie inpakken en invriezen voor later.

CHOCOLADEBISCUIT

Deze overheerlijke chocoladebiscuit is veel rijker aan chocolade dan de génoise met wat cacao erin. Een aanrader!

55 g bloem
20 g cacao
5 biologische eieren
30 fijne kristalsuiker
+ 90 g fijne kristalsuiker
35 g boter

- Verwarm de oven voor tot 200 °C.
- Zeef de bloem met de cacao.
- Scheid de 5 eieren en weeg 120 g eiwit af.
- Klop met een elektrische handmixer of in een staande tafelmixer de 120 g eiwit met de 30 g fijne kristalsuiker stijf.
- Klop in een andere kom de 5 eidooiers met de 90 g fijne kristalsuiker heel luchtig.
- Smelt de boter en roer een beetje eidooiermengsel door de nog warme boter.
- Meng het warme botermengsel door het beslag.
- Spatel het bloem-cacaomengsel erdoor en daarna het stijfgeslagen eiwit.
- Schep het beslag op een met bakpapier beklede bakplaat en strijk het beslag met een paletmes uit tot 1 cm dik. Druk niet te hard, zodat het beslag luchtig blijft.
- Bak de chocoladebiscuit in circa 8 minuten gaar.
- Haal de biscuit meteen van de bakplaat af en laat op een rooster afkoelen (met het bakpapier er nog aan vast).
- Leg een nieuw stuk bakpapier op de afgekoelde biscuit en keer de biscuit om op het werkblad. Nu kun je voorzichtig het bakpapier van de biscuit aftrekken.
- Je kunt de biscuit meteen gebruiken of in plasticfolie inpakken en invriezen voor later.

HAZELNOOTBISCUIT

Ik ben dol op hazelnoten, vandaar dit hazelnootbiscuitrecept. Heerlijk in een hazelnoot- of chocoladebodem.

15 g boter
20 g bloem
2 biologische eieren
80 g hazelnootpoeder
80 g poedersuiker
60 g eiwit van 2 biologische eieren
20 g fijne kristalsuiker

- Verwarm de oven voor tot 200 °C.
- Smelt de boter en laat deze afkoelen.
- Zeef de bloem.
- Klop met een elektrische handmixer of in een staande tafelmixer de eieren met het hazelnootpoeder en de poedersuiker luchtig.

- Klop het eiwit met de fijne kristalsuiker stijf.
- Spatel de bloem door het ei-hazelnootmengsel en voeg de gesmolten, afgekoelde boter toe.
- Schep voorzichtig het stijfgeslagen eiwit erdoor.
- Schep het beslag op een met bakpapier beklede bakplaat en strijk het beslag met een paletmes uit tot 1 cm dik. Druk niet te hard, zodat het beslag luchtig blijft.
- Bak de hazelnootbiscuit in circa 10 minuten gaar.
- Haal de biscuit meteen van de bakplaat af en laat op een rooster afkoelen (met het bakpapier er nog aan vast).
- Leg een nieuw stuk bakpapier op de afgekoelde biscuit en keer de biscuit om op het werkblad. Nu kun je voorzichtig het bakpapier van de biscuit aftrekken.
- Je kunt de biscuit meteen gebruiken of in plasticfolie inpakken en invriezen voor later.

PISTACHEBISCUIT

Een pistachebiscuit is een perfecte match met rood fruit. Maak eerst de pistachepasta. Dat is zo gedaan en bovendien kun je die 3 maanden buiten de koelkast in een potje bewaren.

Pistachepasta

Dit is een snel en makkelijk recept. In *Kleine taartjes* staat een ingewikkelder recept, mocht je dat eens willen proberen.

200 g pistachenoten (ongezouten, ongezoet, gepeld)
100 g fijne kristalsuiker
zonnebloemolie (optioneel)
amandelessence, voor extra smaak (optioneel)

- Rooster de pistachenoten 15 minuten op 150 °C in de oven.
- Maal in een blender of keukenmachine de pistachenoten met de fijne kristalsuiker tot een pasta. Het duurt wel even voordat het pasta wordt, dus misschien moet je de blender zo nu en dan even stoppen om te voorkomen dat de motor doordraait (dat is mij al twee keer gebeurd).
- Lijkt de pasta te droog, doe er dan een paar druppeltjes zonnebloemolie bij.
- Een druppeltje amandelessence versterkt de pistachesmaak.

Biscuit

90 g boter
40 g bloem
2 g bakpoeder
mespunt zout
200 g amandelspijs
20 g pistachepasta (zie recept hierboven)
4 biologische eieren

- Verwarm de oven voor tot 180 °C.
- Maak een beurre noisette van de boter: smelt de boter in een steelpannetje met dikke bodem op matig vuur onder zo nu en dan roeren. Het water verdampt, de boter wordt hazelnootkleurig en gaat nootachtig ruiken (*noisette* = hazelnoot in het Frans). Zet het vuur uit.
- Zeef de boter in een kom en laat afkoelen.
- Zeef de bloem met het bakpoeder en zout in een andere kom.
- Meng de amandelspijs met de pistachepasta en roer glad.
- Voeg geleidelijk de eieren toe aan het spijs-pistachemengsel en klop met een elektrische handmixer of in een staande tafelmixer tot een luchtig beslag.
- Spatel het bloemmengsel en de afgekoelde beurre noisette erdoor.
- Schep het beslag op een met bakpapier beklede bakplaat en strijk het beslag met een paletmes uit tot 1 cm dik. Druk niet te hard, zodat het beslag luchtig blijft.
- Bak de pistachebiscuit in ongeveer 14 minuten gaar.
- Haal de biscuit meteen van de bakplaat af en laat op een rooster afkoelen (met het bakpapier er nog aan vast).
- Leg een nieuw stuk bakpapier op de afgekoelde biscuit en keer de biscuit om op het werkblad. Nu kun je voorzichtig het bakpapier van de biscuit aftrekken.
- Je kunt de biscuit meteen gebruiken of in plasticfolie inpakken en invriezen voor later.

JOCONDE

Een *joconde* is een zeer soepel amandelbiscuit die vanwege zijn buigzaamheid perfect is voor het 'bekleden' van een vorm. Vervang voor een chocoladejoconde de helft van de bloem door cacao.

25 g boter
3 biologische eieren
110 g fijne kristalsuiker +
15 g fijne kristalsuiker
110 g amandelmeel
30 g bloem
90 g eiwit van 3 biologische eieren

- Verwarm de oven voor tot 200 °C.
- Smelt de boter en laat deze afkoelen.
- Klop de eieren met de 110 g fijne kristalsuiker, het amandelmeel en de bloem luchtig.
- Voeg de gesmolten, afgekoelde boter toe.
- Klop het eiwit met de 15 g fijne kristalsuiker stijf en spatel het voorzichtig door het beslag.
- Schep het beslag op een met bakpapier beklede bakplaat en strijk het beslag met een paletmes uit tot 0,5 cm dik. Druk niet te hard, zodat het beslag luchtig blijft.
- Bak de joconde in 8 à 10 minuten gaar.
- Haal de joconde meteen van de bakplaat af en laat op een rooster afkoelen (met het bakpapier er nog aan vast).
- Leg een nieuw stuk bakpapier op de afgekoelde joconde en keer de joconde om op het werkblad. Nu kun je voorzichtig het bakpapier van de joconde aftrekken.
- Je kunt de joconde meteen gebruiken of in plasticfolie inpakken en invriezen voor later.

BISCUIT CUILLERE (LANGEVINGERBISCUIT)

Biscuit cuillère **is langevingerbiscuit en wordt vaak gebruikt voor moussetaartjes. Als je een chocoladebiscuit cuillère wilt maken, vervang je 20 g bloem door 20 g cacao.**

80 g bloem
3 biologische eieren
80 g fijne kristalsuiker
poedersuiker of cacao

- Verwarm de oven voor tot 200 °C.
- Zeef de bloem (en de cacao als je een chocoladebiscuit maakt) in een kom.
- Scheid de eieren en klop in een andere kom met een elektrische handmixer of in een staande tafelmixer het eiwit met de fijne kristalsuiker stijf.
- Meng vervolgens de eidooiers vluchtig door het stijfgeslagen eiwit.
- Spatel de helft van de bloem er heel voorzichtig door en daarna de rest van de bloem. Let op, want soms zit er nog bloem in het beslag 'gevouwen'. Spatel niet te lang. Hoe langer je spatelt, hoe meer lucht verloren gaat en hoe vloeibaarder het beslag vervolgens wordt.
- Schep het beslag op een met bakpapier beklede bakplaat en strijk de biscuit met een paletmes uit tot 1 cm dik. Druk niet te hard, zodat de biscuit luchtig blijft.
- Bestrooi de biscuit met poedersuiker. (Als je een chocoladebiscuit maakt, kun je de biscuit met cacao bestrooien of met een mix van poedersuiker en cacao.)
- Bestrooi de biscuit nogmaals met poedersuiker zodra de eerste laag is gesmolten (cacao hoeft niet twee keer.)
- Bak de biscuit cuillère in 6 à 8 minuten gaar. Deze biscuit mag absoluut niet te lang bakken, anders kun je hem niet buigen*.
- Haal de biscuit meteen van de bakplaat af en laat op een rooster afkoelen (met het bakpapier er nog aan vast).
- Leg een nieuw stuk bakpapier op de afgekoelde biscuit en keer de biscuit om op het werkblad. Nu kun je voorzichtig het bakpapier van de biscuit aftrekken.
- Je kunt de biscuit meteen gebruiken of in plasticfolie inpakken en invriezen voor later.

*Je moet deze biscuit kunnen buigen. Als hij te hard is, kun je hem in de koelkast leggen zodat hij vochtig wordt of hem bestrijken met wat siroop (zie blz. 44).

GLUTENVRIJE GÉNOISE

De génoise kun je ook heel goed glutenvrij maken door maïzena te gebruiken. Voor een chocoladegénoise vervang je 20 g maïzena door 20 g cacao. Je kunt de génoise ook in een met bakpapier beklede ronde bakvorm gieten, en de gebakken génoise in dunne schijven snijden.

130 g maïzena
4 biologische eieren
120 g fijne kristalsuiker

- Verwarm de oven voor tot 180 °C.
- Zeef de maïzena (en de cacao als je een chocoladebiscuit maakt) in een kom.
- Doe de eieren met de fijne kristalsuiker in een vuurvaste kom en verwarm deze onder voortdurend kloppen au bain-marie*. Blijf kloppen totdat het mengsel 50 °C heeft bereikt; dat kan wel even duren.
- Giet vervolgens het beslag over in een andere kom (pas op, de kom is heet) en klop met een garde of handmixer net zolang tot het eimengsel is afgekoeld. Het beslag moet heel luchtig zijn.
- Spatel de helft van de maïzena er heel voorzichtig door en daarna de rest van de maïzena. Let op, want soms zit er nog maïzena in het beslag 'gevouwen'. Spatel niet te lang. Hoe langer je spatelt, hoe meer lucht verloren gaat en hoe vloeibaarder het beslag vervolgens wordt.
- Schep het beslag op een met bakpapier beklede bakplaat en strijk het beslag met een paletmes uit tot circa 1 cm dik. Druk niet te hard, zodat het beslag luchtig blijft.
- Bak de génoise in 8 à 10 minuten gaar.
- Haal de génoise meteen van de bakplaat af en laat op een rooster afkoelen (met het bakpapier er nog aan vast).
- Leg een nieuw stuk bakpapier op de afgekoelde génoise en keer de génoise om op het werkblad. Nu kun je voorzichtig het bakpapier ervan aftrekken.
- Je kunt de génoise meteen gebruiken of in plasticfolie inpakken en invriezen voor later.

* Au bain-marie: doe de ingrediënten die je moet verwarmen in een vuurvaste kom. Zet deze kom op een steelpannetje met daarin een laagje water en zorg ervoor dat de kom het water niet raakt. De kom wordt op deze manier geleidelijk door de stoom verwarmd, waardoor de ingrediënten niet te heet kunnen worden.

GLUTENVRIJE CHOCOLADEBISCUIT

Als je een chocoladebiscuit wilt maken met een intensere chocoladesmaak dan de génoise met cacao, dan kun je dit recept proberen.

100 g pure chocolade (70% vaste cacaobestanddelen)
40 g zachte boter
3 biologische eieren
35 g fijne kristalsuiker
50 g maïzena

- Verwarm de oven voor tot 180 °C.
- Hak de chocolade in kleine stukjes en smelt de chocolade in een kom in de magnetron of au bain-marie.
- Roer de zachte boter erdoor.
- Scheid de eieren.
- Klop in een andere kom met een elektrische handmixer of in een staande tafelmixer 90 g eiwit stijf met de fijne kristalsuiker.
- Roer vluchtig 2 eidooiers (40 g) door het stijfgeslagen eiwit.
- Roer beetje bij beetje de maïzena door het chocolade-botermengsel. Het beslag wordt een beetje compact, maar als je de helft van het eiwit-eidooiermengsel erdoor roert, wordt het soepeler.
- Spatel de rest van het eiwit-eidooiermengsel er luchtig door.
- Schep het beslag op een met bakpapier beklede bakplaat en strijk het beslag met een paletmes uit tot circa 1 cm dik. Druk niet te hard, zodat het luchtig blijft.
- Bak de chocoladebiscuit in circa 10 minuten gaar.
- Haal de biscuit meteen van de bakplaat af en laat op een rooster afkoelen (met het bakpapier er nog aan vast).
- Leg een nieuw stuk bakpapier op de afgekoelde biscuit en keer de biscuit om op het werkblad. Nu kun je voorzichtig het bakpapier van de biscuit aftrekken.
- Je kunt de biscuit meteen gebruiken of in plasticfolie inpakken en invriezen voor later.

GLUTENVRIJE BISCUIT CUILLÈRE (LANGEVINGERBISCUIT)

Deze biscuit is perfect voor moussetaartjes.

3 biologische eieren
80 g fijne kristalsuiker
70 g maïzena
poedersuiker

- Verwarm de oven voor tot 200 °C.
- Scheid de eieren.
- Klop met een elektrische handmixer of in een staande tafelmixer in een kom het ciwit met de fijne kristalsuiker stijf.
- Meng de eidooiers vluchtig door het stijfgeslagen eiwit.
- Spatel de helft van de maïzena heel voorzichtig door het eiwit-eidooiermengsel en daarna de rest van de maïzena. Let op, want soms zit er nog maïzena in het beslag 'gevouwen'. Spatel niet te lang. Hoe langer je spatelt, hoe meer lucht verloren gaat en hoe vloeibaarder het beslag vervolgens wordt.
- Schep het beslag op een met bakpapier beklede bakplaat en strijk de biscuit met een paletmes uit tot 1 cm dik. Druk niet te hard, zodat de biscuit luchtig blijft.
- Bestrooi de biscuit met poedersuiker.
- Bestrooi de biscuit nogmaals met poedersuiker zodra de eerste laag is gesmolten.
- Bak de biscuit cuillère in 6 à 8 minuten gaar. Deze biscuit mag absoluut niet te lang bakken, anders kun je hem niet buigen*.
- Haal de biscuit meteen van de bakplaat af en laat op een rooster afkoelen (met het bakpapier er nog aan vast).
- Leg een nieuw stuk bakpapier op de afgekoelde biscuit en keer de biscuit om op het werkblad. Nu kun je voorzichtig het bakpapier van de biscuit aftrekken.
- Je kunt de biscuit meteen gebruiken of in plasticfolie inpakken en invriezen voor later.

* Je moet deze biscuit kunnen buigen. Als hij te hard is, kun je hem in de koelkast leggen zodat hij vochtig wordt of hem bestrijken met wat siroop (zie blz. 44).

VEGAN GÉNOISE

Dit is een fijne basisbiscuit die je overal voor kunt gebruiken. Vervang voor een chocoladebiscuit 20 g bloem door 20 g vegan cacaopoeder.

200 g plantaardige margarine
300 g fijne kristalsuiker
200 g sojayoghurt
200 g sojamelk
400 g zelfrijzend bakmeel
+ 8 g bakpoeder, gemengd

- Verwarm de oven voor tot 180 °C.
- Klop met een elektrische handmixer of in een staande tafelmixer in een kom de margarine met de fijne kristalsuiker luchtig.
- Meng de sojayoghurt en sojamelk erdoor.
- Het beslag wordt waarschijnlijk korrelig, maar dat is niet erg. Roer er in dat geval wat zelfrijzend bakmeel-bakpoedermengsel door, zodat het glad wordt.
- Spatel de rest van het zelfrijzend bakmeel met bakpoeder erdoor.
- Schep het beslag op een met bakpapier beklede bakplaat en strijk de biscuit met een paletmes uit tot 1 cm dik. Druk niet te hard, zodat de biscuit luchtig blijft.
- Bak de génoise in 25 à 30 minuten gaar.
- Haal de génoise meteen van de bakplaat af en laat op een rooster afkoelen (met het bakpapier er nog aan vast).
- Leg een nieuw stuk bakpapier op de afgekoelde génoise en keer de génoise om op het werkblad. Nu kun je voorzichtig het bakpapier ervan aftrekken.
- Je kunt de génoise meteen gebruiken of in plasticfolie inpakken en invriezen voor later.

LACTOSEVRIJE BISCUITS

Je kunt alle voorgaande biscuits gebruiken. Sommige recepten bevatten geen lactose en in de andere recepten kun je de boter vervangen door plantaardige margarine.

VEGAN HAZELNOOT-AMANDELBISCUIT

Je kunt het hazelnootpoeder helemaal vervangen door amandelmeel, of andersom.

100 g sojayoghurt
80 g poedersuiker
30 g olie (druivenpit-, hazelnoot-, of zonnebloemolie)
50 g bloem
30 g hazelnootpoeder
30 g amandelmeel
2 g bakpoeder
mespunt zout

- Verwarm de oven voor tot 180 °C.
- Meng in een kom de sojayoghurt met de poedersuiker.
- Voeg de olie, bloem, het hazelnootpoeder, amandelmeel, bakpoeder en zout toe en meng goed.
- Schep het beslag op een met bakpapier beklede bakplaat en strijk het beslag met een paletmes uit tot circa 1 cm dik. Druk niet te hard, zodat de biscuit luchtig blijft.
- Bak de biscuit in 15 à 20 minuten gaar.
- Haal de biscuit meteen van de bakplaat af en laat op een rooster afkoelen (met het bakpapier er nog aan vast).
- Leg een nieuw stuk bakpapier op de afgekoelde biscuit en keer de biscuit om op het werkblad. Nu kun je voorzichtig het bakpapier van de biscuit aftrekken.
- Je kunt de biscuit meteen gebruiken of in plasticfolie inpakken en invriezen voor later.

VEGAN BISCUIT CUILLÈRE (LANGEVINGERBISCUIT)

Deze biscuit is perfect voor moussetaartjes. In een biscuit cuillère zit eiwit, maar dat is natuurlijk niet vegan. Daar is gelukkig een mooie oplossing voor: *aquafaba*. Aquawat? Aquafaba is kikkererwtenvocht. Koop een blikje of potje kikkererwten en giet ze af in een vergiet. Je hebt alleen het vocht nodig (maak van de kikkererwten bijvoorbeeld hummus). Het vocht kun je net zo stijf kloppen als eiwit en voor van alles gebruiken: meringues, macarons, of zelfs mousse. Hoe verzin je het?

45 g bloem
45 g maïzena
100 g aquafaba (van 1 blikje of potje kikkererwten)
95 g fijne kristalsuiker
20 g vegan crème fraîche
poedersuiker

- Verwarm de oven voor tot 200 °C.
- Zeef de bloem met de maïzena in een kom.
- Klop met een elektrische handmixer of in een staande tafelmixer in een andere kom de aquafaba. Voeg zodra de aquafaba schuimig wordt in één keer de fijne kristalsuiker toe en klop stijf.
- Spatel de crème fraîche erdoor en vervolgens het bloem-maïzenamengsel.
- Schep het beslag op een met bakpapier beklede bakplaat en strijk het beslag met een paletmes uit tot 1 cm dik. Druk niet te hard, zodat de biscuit luchtig blijft.
- Bestrooi de biscuit met poedersuiker.
- Bestrooi de biscuit nogmaals met poedersuiker zodra de eerste laag is gesmolten.
- Bak de biscuit cuillère in 6 à 8 minuten gaar. Deze biscuit mag absoluut niet te lang bakken, anders kun je hem niet buigen*.
- Haal de biscuit meteen van de bakplaat af en laat op een rooster afkoelen (met het bakpapier er nog aan vast).
- Leg een nieuw stuk bakpapier op de afgekoelde biscuit en keer de biscuit om op het werkblad. Nu kun je voorzichtig het bakpapier van de biscuit aftrekken.
- Je kunt de biscuit meteen gebruiken of in plasticfolie inpakken en invriezen voor later.

* Je moet deze biscuit kunnen buigen. Als hij te hard is, kun je hem in de koelkast leggen zodat hij vochtig wordt of hem bestrijken met wat siroop (zie blz. 44).

TREMPEERSIROOP

Je kunt biscuits besprenkelen met siroop om biscuits iets zachter en soepeler te maken. Dit heet tremperen. Laat de siroop helemaal afkoelen als hij klaar is en gebruik daarna een kwastje om de biscuit met de siroop te bestrijken. In de koelkast kun je de siroop heel lang bewaren.

Basisrecept

100 g water
115 g fijne kristalsuiker

- Breng het water met de fijne kristalsuiker aan de kook en laat koken totdat de suiker is opgelost.

Vanillesiroop

1 vanillestokje
100 g water
115 g fijne kristalsuiker

- Snijd het vanillestokje in de lengte open en schraap met een mes het merg eruit.
- Breng het water met het vanillemerg, het leeggeschraapte stokje en de fijne kristalsuiker aan de kook en laat koken totdat de suiker is opgelost.
- Laat het stokje in de siroop zitten voor een intensere vanillesmaak.

Chocoladesiroop

65 g water
50 g fijne kristalsuiker
15 g cacao
15 g honing

- Meng alle ingrediënten, breng ze onder voortdurend roeren aan de kook en laat koken totdat de fijne kristalsuiker is opgelost.

Koffiesiroop

40 g espresso
20 g water
50 g fijne kristalsuiker

- Zet een kopje espresso of sterke koffie (40 g).
- Breng het water met de fijne kristalsuiker aan de kook en laat koken totdat de suiker is opgelost.
- Giet de koffie erbij en laat afkoelen.

Aardbeiensiroop

150 g aardbeien (vers of diepvries, ontdooid)

15 g fijne kristalsuiker + 40 g fijne kristalsuiker
80 g water

- Pureer met een staafmixer de aardbeien met 15 g fijne kristalsuiker en zeef de puree.
- Breng het water met de 40 g fijne kristalsuiker aan de kook en laat koken totdat de suiker is opgelost.
- Roer de gepureerde aardbeien erdoor en laat afkoelen.

Frambozensiroop

200 g frambozen (vers of diepvries, ontdooid)

15 g fijne kristalsuiker + 40 g fijne kristalsuiker
80 g water

- Pureer met een staafmixer de frambozen met 15 g fijne kristalsuiker en zeef de puree.
- Breng het water met de 40 g fijne kristalsuiker aan de kook en laat koken totdat de suiker is opgelost.
- Roer de gepureerde frambozen erdoor en laat afkoelen.

Citroensiroop

50 g water
60 g fijne kristalsuiker
100 g citroensap (2 citroenen)

- Breng het water met de fijne kristalsuiker aan de kook en laat koken totdat de suiker is opgelost.
- Roer het citroensap erdoor en laat afkoelen.

Alcoholsiroop

85 g water
95 g fijne kristalsuiker
50 g mineraalwater

50 g kirsch, Grand Marnier, of andere likeur naar keuze

- Breng het water met de fijne kristalsuiker aan de kook en laat koken totdat de suiker is opgelost.
- Roer het mineraalwater en de alcohol door de basissiroop en laat afkoelen.

CRÈMES EN MOUSSES

Niets lekkerder dan een taartje dat rijkelijk is gevuld met een fluweelzachte crème of een luchtige mousse, als je het mij vraagt. Met deze klassieke basisrecepten maak je de mooiste taartjes met fruit en chocolade. Houd je iets over? Maak er een heerlijk dessert van, en bak van het overgebleven taartdeeg een paar koekjes voor erbij.

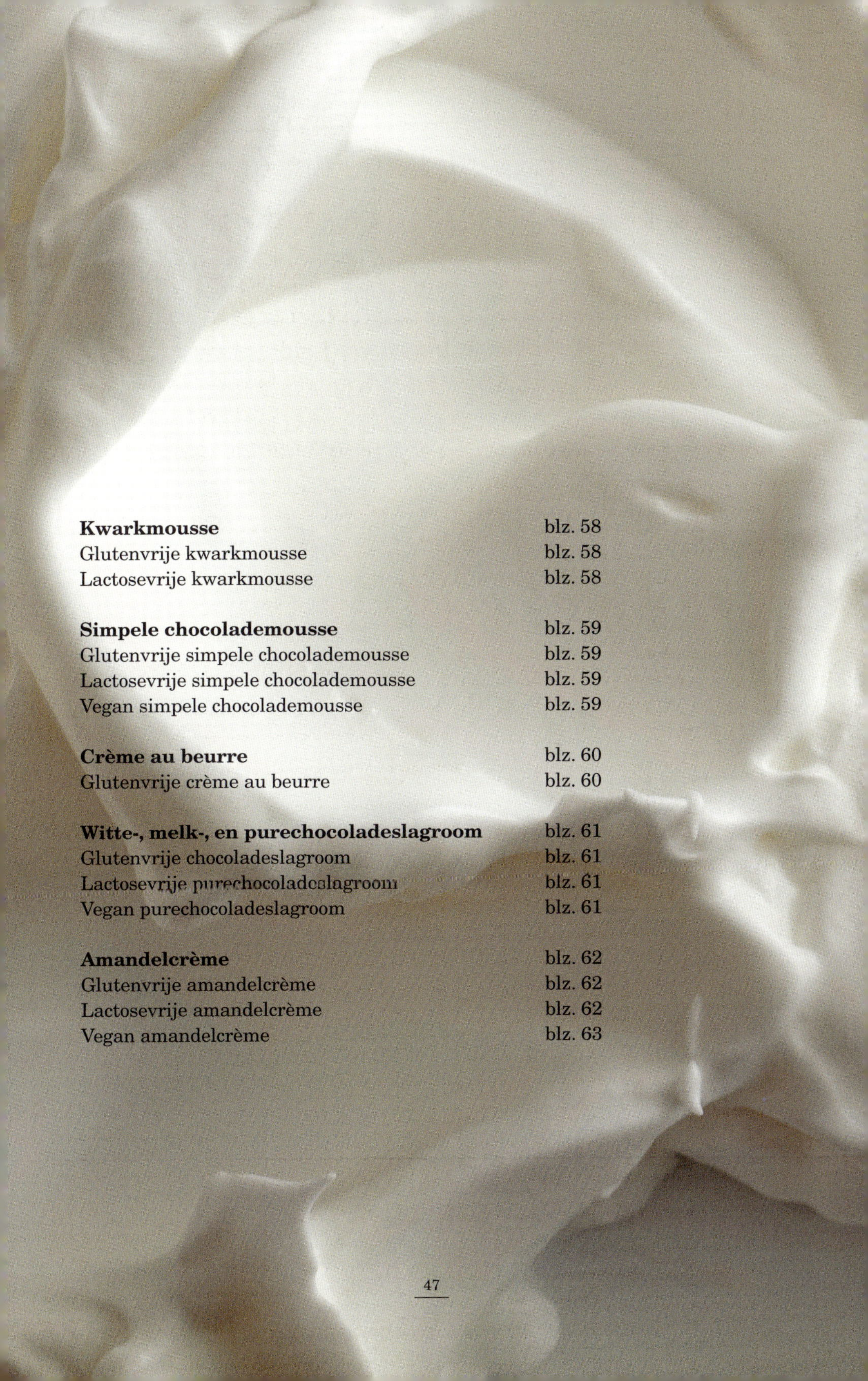

CRÈME PÂTISSIÈRE

Crème pâtissière is banketbakkersroom en wordt vaak gebruikt in combinatie met fruit. Je kunt er het merg van een half vanillestokje door doen, 100 g gesmolten pure chocolade, pistachepasta, praliné ... of wat je maar wilt!

½ vanillestokje
200 g melk
50 g slagroom
60 g fijne kristalsuiker
50 g eidooier
(van 2 à 3 biologische eieren)
20 g maïzena

- Bekleed een ovenschaal met plasticfolie.
- Snijd het halve vanillestokje in de lengte open en schraap met een mes het merg eruit.
- Doe de melk, slagroom, de helft van de fijne kristalsuiker en het vanillemerg in een steelpan.
- Klop in een kom de andere helft van de fijne kristalsuiker met de eidooiers schuimig en voeg de maïzena toe.
- Zet de pan op het vuur en breng de melk aan de kook.
- Haal de pan van het vuur en giet ongeveer de helft van de kokende melk in de kom met de eidooiers, fijne kristalsuiker en maïzena en meng dit goed.
- Giet weer terug in de pan en zet de pan op matig vuur.
- Roer goed met de garde, ook over de bodem en in het midden. Als de crème begint te koken, blijf je 1 minuut roeren zonder te stoppen.
- Giet de crème in de ovenschaal en dek af met plasticfolie (om te voorkomen dat er een velletje op de crème komt).
- Laat de crème even afkoelen en daarna in de koelkast koud worden.
- Klop voor gebruik de koude crème glad met een handmixer.

TIP Voor een chocolade-crème pâtissière vervang je de vanille door 100 g gesmolten pure chocolade (60% vaste cacaobestanddelen). Als je de crème hebt gekookt, roer je de gesmolten chocolade erdoor en vervolgens giet je de crème in een ovenschaal zoals hierboven beschreven.

GLUTENVRIJE CRÈME PÂTISSIÈRE

Crème pâtissière is glutenvrij.

LACTOSEVRIJE CRÈME PÂTISSIÈRE

Vervang de melk en slagroom door sojamelk en sojaroom.

VEGAN CRÈME PÂTISSIÈRE

50 g fijne kristalsuiker
25 g maizena
mespunt kurkuma, voor de kleur
250 g sojamelk
10 g margarine

- Bekleed een ovenschaal met plasticfolie.
- Meng in een kom de fijne kristalsuiker met de maïzena en de kurkuma.
- Breng in een kleine pan met dikke bodem de sojamelk aan de kook.
- Giet een beetje warme sojamelk bij het fijne kristalsuiker-maïzenamengsel en maak een papje.
- Giet het papje terug in de pan en breng de sojamelk onder voortdurend roeren opnieuw aan de kook.
- Laat de crème 30 seconden koken.
- Haal de pan van het vuur en roer de margarine erdoor.
- Giet de crème in de ovenschaal en dek af met plasticfolie (om te voorkomen dat er een velletje op de crème komt).
- Laat de crème even afkoelen en zet hem daarna circa 1 uur in de koelkast, tot hij koud is.
- Klop voor gebruik de koude crème glad met een handmixer.

CRÈME MOUSSELINE

Een *crème mousseline* is een crème pâtissière met boter. Dat klinkt misschien zwaar, maar door hem heel luchtig te kloppen wordt hij dat juist niet. De boter maakt deze crème stevig, in tegenstelling tot crème pâtissière die veel smeuïger is. Je kunt het merg van een half vanillestokje aan de melk toevoegen. Of voeg een eetlepel pistachepasta of praliné toe als je de mousseline gaat kloppen.

1 vanillestokje (optioneel)
375 g melk
90 g fijne kristalsuiker
4 eidooiers van biologische eieren
30 g maïzena
90 g boter + 90 g boter, op kamertemperatuur
1 el pistachepasta of praliné (optioneel)

- Bekleed een ovenschaal met plasticfolie.
- Snijd het halve vanillestokje in de lengte open en schraap met een mes het merg eruit als je een vanille-mousseline maakt.
- Doe de melk met de helft van de fijne kristalsuiker in een steelpan.
- Klop met een garde in een kom de andere helft van de fijne kristalsuiker met de eidooiers schuimig, en voeg de maïzena toe.
- Breng in een kleine pan met dikke bodem de melk aan de kook.
- Haal de pan van het vuur en giet ongeveer de helft van de kokende melk in de kom met de eidooiers, fijne kristalsuiker en maïzena.
- Meng goed.
- Giet het mengsel terug in de pan en zet de pan op matig vuur.
- Roer goed met een garde. Schraap ook met de garde over de bodem en in het midden, om te voorkomen dat de crème aanbrandt.
- Als de crème begint te koken, blijf dan 1 minuut roeren zonder te stoppen.
- Haal de pan van het vuur en roer 90 g boter door de crème. Let op: de overige 90 g boter is voor later.
- Giet de crème in de ovenschaal en dek af met plasticfolie om te voorkomen dat er een velletje op de crème komt.
- Laat de crème even afkoelen en zet hem daarna in de koelkast.
- Haal de crème ongeveer 2 uur later of de volgende dag (als je de taartjes pas de volgende dag wilt afmaken) uit de koelkast en laat op kamertemperatuur komen.
- Zorg ervoor dat de resterende 90 g boter ook op kamertemperatuur is.
- Mix deze boter zacht en romig en meng er dan 1/3 van de crème door.
- Als dit homogeen is, mag de rest van de crème erbij.
- Voeg eventueel de pistachepasta of praliné toe.
- Mix de crème 10 minuten totdat hij heel luchtig is.
- Doe de crème in een spuitzak met een glad spuitmondje van circa 1 cm doorsnee.

GLUTENVRIJE CRÈME MOUSSELINE

Crème mousseline is glutenvrij.

LACTOSEVRIJE CRÈME MOUSSELINE

Vervang de melk door sojamelk en de boter door plantaardige margarine.

VEGAN CRÈME MOUSSELINE

Deze crème is niet écht een crème mousseline, maar heeft dezelfde functie.

1 g agar agar + 1 tl water
40 g fijne kristalsuiker
20 g maïzena
mespunt kurkuma, voor de kleur
25 g sojamelk + 150 g sojamelk
100 g sojaroom
10 g poedersuiker

- Bekleed een ovenschaal met plasticfolie.
- Los de agar agar op in het water.
- Maak een papje van de fijne kristalsuiker, maïzena, kurkuma en 25 g (koude) sojamelk.
- Breng de rest van de sojamelk (150 g) aan de kook.
- Roer een scheut warme sojamelk door het papje en giet het terug in de pan.
- Blijf roeren totdat de crème begint te koken en dikker wordt. Als de crème begint te koken, blijf dan ½ minuut roeren zonder te stoppen.
- Giet de crème in de ovenschaal en dek af met plasticfolie (om te voorkomen dat er een velletje op de crème komt).
- Laat de crème even afkoelen en zet hem daarna in de koelkast.
- Klop met een handmixer de sojaroom met de poedersuiker lobbig.
- Haal de koude crème uit de koelkast en klop deze romig.
- Meng met een garde een schep geklopte room door de crème en spatel daarna de rest van de room er voorzichtig door.
- Doe de crème in een spuitzak met een glad spuitmondje van circa 1 cm doorsnee of in een maatbeker.

CRÈME ANGLAISE

Crème anglaise wordt vaak gebruikt als basis voor een mousse. Je kunt er eventueel het merg van een half vanillestokje doorheen doen. Kook het merg dan met de melk mee.

40 g fijne kristalsuiker
2 eidooiers van 2 biologische eieren
75 g melk
75 g slagroom
½ vanillestokje (optioneel)

- Klop met een garde in een kom de helft van de fijne kristalsuiker met de eidooiers los.
- Breng de melk en de slagroom met de andere helft van de fijne kristalsuiker en eventueel het merg van het vanillestokje en het vanillestokje zelf aan de kook.
- Giet ongeveer de helft van het kokende melk-slagroommengsel bij de eidooiers en roer goed.
- Giet dit weer terug in de pan en verwarm de crème op matig vuur onder voortdurend roeren tot 85 °C. Als je geen thermometer hebt, verwarm de crème dan tot hij gaat binden maar nog niet kookt. Dit is een klein recept, dus dit duurt niet lang.
- Giet de crème door een zeef en laat de crème afkoelen.
- Gebruik je deze crème voor een recept met chocolade? Laat hem dan niet afkoelen, maar roer de crème juist warm door de chocolade.

GLUTENVRIJE CRÈME ANGLAISE

Crème anglaise is glutenvrij.

LACTOSEVRIJE CRÈME ANGLAISE

Vervang de melk door sojamelk en de slagroom door sojaroom.

VEGAN CRÈME ANGLAISE

4 g maïzena
mespunt kurkuma, voor de kleur
100 g sojamelk
100 g sojaroom
30 g fijne kristalsuiker

- Meng de maïzena met de kurkuma.
- Verwarm de sojamelk met de sojaroom.
- Giet de helft van het kokende sojamelk-roommengsel bij de maïzena en roer tot een papje.
- Giet het papje terug in de pan en breng aan de kook.
- Blijf roeren totdat de crème bindt.
- Giet de crème door een zeef en laat de crème afkoelen.
- Gebruik je deze crème voor een recept met chocolade? Laat hem dan niet afkoelen, maar roer de crème juist warm door de chocolade.

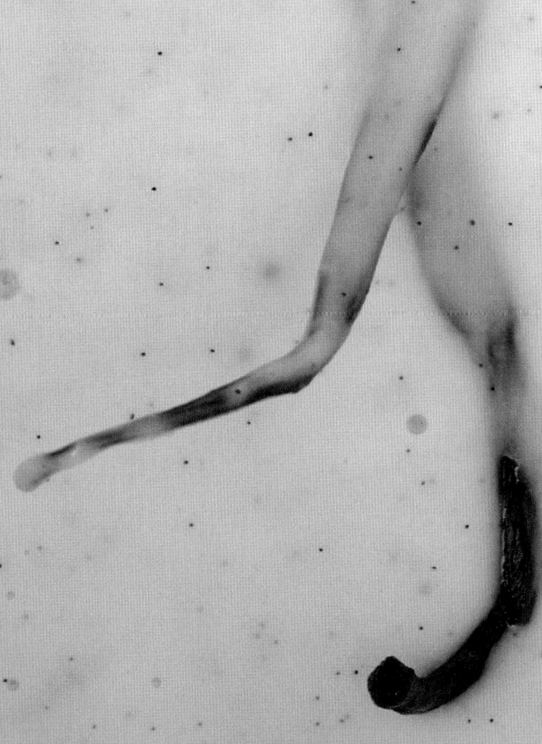

FRUITMOUSSE

Fruitmousse is zo gemaakt en oh zo lekker. Voor de mousse heb je fruitpulp nodig, dat je zelf kunt maken.

Fruitpulp

Maal het fruit, vers of diepvries (ontdooid), in een blender fijn en zeef het daarna. Voeg vervolgens 10% van het totale gewicht gepureerd fruit aan fijne kristalsuiker toe en verwarm het fruit 2 minuten zodat de suiker oplost.

Als je fruit pureert en zeeft gaat er een deel van het gewicht verloren. Hieronder kun je zien wat dat betekent voor een aantal fruitsoorten waarmee ik veel werk:

500 g aardbeien wordt ongeveer 340 g aardbeienpuree
500 g frambozen wordt ongeveer 225 g frambozenpuree
500 g gemengd rood fruit wordt ongeveer 250 g roodfruitpuree
1 mango met pit van 400 g wordt ongeveer 240 g mangopuree
10 passievruchten wordt ongeveer 100 g passievruchtenpuree

Fruitmousse

200 g fruitpulp (framboos, aardbei, gemengd rood fruit, wat je maar wilt)
6 g gelatine
200 g slagroom
50 g fijne kristalsuiker

- Maak 200 g fruitpulp volgens de beschrijving hierboven.
- Laat de gelatine 15 minuten in koud water weken en daarna uitlekken.
- Verwarm de helft van de pulp en los de uitgelekte gelatine daarin op.
- Meng het warme gelatine-fruitmengsel door de rest van de fruitpulp.
- Klop de slagroom met de fijne kristalsuiker lobbig.
- Meng met een garde een schep slagroom door de pulp.
- Spatel heel voorzichtig de rest van de slagroom door het mengsel; zorg ervoor dat de mousse luchtig blijft.
- Doe de mousse in een spuitzak met een glad spuitmondje van circa 1 cm doorsnee of in een maatbeker.

GLUTENVRIJE FRUITMOUSSE

Fruitmousse is glutenvrij.

LACTOSEVRIJE FRUITMOUSSE

Fruitmousse is lactosevrij.

VEGAN FRUITMOUSSE

125 g sojaroom
15 g poedersuiker
1,5 g agar agar + 1 el water
200 g fruitpulp
40 g fijne kristalsuiker

- Klop de sojaroom met de poedersuiker stijf en zet deze in de koelkast.
- Los de agar agar op in de eetlepel water.
- Breng de fruitpulp met de fijne kristalsuiker en de agar agar aan de kook en kook ongeveer 1 minuut.
- Laat het fruit-suikermengsel afkoelen tot kamertemperatuur en meng er met een garde een schep slagroom door.
- Spatel heel voorzichtig de rest van de slagroom door het mengsel; zorg ervoor dat de mousse luchtig blijft.
- Doe de mousse in een spuitzak met een glad spuitmondje van circa 1 cm doorsnee of in een maatbeker.

VANILLEMOUSSE

Vanillemousse is heerlijk. Combineer hem met vers fruit, een fruitgelei of chocolade, om te voorkomen dat het een beetje saai wordt.

6 g gelatine
1 vanillestokje
100 g fijne kristalsuiker
3 eidooiers van biologische eieren
225 g melk
250 g slagroom

- Laat de gelatine 15 minuten in koud water weken en daarna uitlekken.
- Snijd het vanillestokje in de lengte open en schraap met een mes het merg eruit.
- Klop met een garde de helft van de fijne kristalsuiker met de eidooiers los in een kom.
- Breng in een kleine pan met dikke bodem de melk met de andere helft van de fijne kristalsuiker en het vanillemerg aan de kook.
- Giet ongeveer de helft van de kokende melk bij de eidooiers en roer goed.
- Giet dit weer terug in de pan en verwarm de crème onder voortdurend roeren tot 85 °C. Als je geen thermometer hebt, verwarm de crème dan tot hij gaat binden maar nog niet kookt.
- Giet de crème door een zeef en roer na 5 minuten de uitgelekte gelatine erdoor.
- Laat de crème afkoelen en roer zo nu en dan.
- Klop de slagroom lobbig en meng met een garde een beetje slagroom door de afgekoelde crème.
- Spatel heel voorzichtig de rest van de slagroom door het mengsel; zorg ervoor dat de mousse luchtig blijft.
- Doe de mousse in een spuitzak met een glad spuitmondje van circa 1 cm doorsnee of in een maatbeker.

GLUTENVRIJE VANILLEMOUSSE

Vanillemousse is glutenvrij.

LACTOSEVRIJE VANILLEMOUSSE

Vervang de melk door sojamelk en de slagroom door sojaroom.

KWARKMOUSSE

Voor dit recept heb je een suikerthermometer nodig, en een staande tafelmixer is handig. Er blijft zeker mousse over, maar je kunt geen suikerwater maken met minder dan 100 g suiker. Giet de mousse in glaasjes en maak er een heerlijk dessert van.

9 g gelatine
250 g slagroom
½ vanillestokje
3 eidooiers van biologische eieren
50 g water
100 g fijne kristalsuiker
250 g kwark
geraspte schil van ½ onbespoten citroen of limoen

- Laat de gelatine 15 minuten in koud water weken en daarna uitlekken.
- Klop de slagroom stijf en zet deze in de koelkast.
- Snijd het halve vanillestokje in de lengte open en schraap met een mes het merg eruit.
- Doe de eidooiers in een roestvrijstalen kom.
- Breng in een kleine steelpan het water met de kristalsuiker aan de kook. Doe de suikerthermometer erbij.
- Zodra de suikerthermometer 100 °C heeft bereikt, begin je met het kloppen van de eidooiers.
- Als de thermometer 119 °C heeft bereikt, giet je de suikersiroop onder voortdurend kloppen bij de eidooiers. Ga door met kloppen tot het mengsel is afgekoeld.
- Smelt de uitgelekte gelatine enkele seconden in een bakje in de magnetron of au bain-marie.
- Meng een beetje eimengsel door de vloeibare gelatine om een thermische shock te voorkomen en giet dit terug bij de geklopte eidooiers met suikersiroop.
- Spatel de kwark met de geraspte citroen- of limoenschil en vanille erdoor.
- Meng daarna eerst met een garde de helft van de geklopte slagroom door de kwark en spatel vervolgens voorzichtig de rest van de slagroom erdoor.
- Doe de mousse in een spuitzak met een glad spuitmondje van circa 1 cm doorsnee of in een maatbeker.

GLUTENVRIJE KWARKMOUSSE

Kwarkmousse is glutenvrij.

LACTOSEVRIJE KWARKMOUSSE

Vervang de slagroom door sojaroom en de kwark door sojakwark.

SIMPELE CHOCOLADEMOUSSE

360 g pure chocolade (60% vaste cacaobestanddelen)
100 g boter, op kamertemperatuur
300 g slagroom
8 biologische eieren
1 zakje vanillesuiker of 2 el gewone suiker

- Smelt de pure chocolade au bain-marie of in de magnetron en roer daarna de boter erdoor.
- Verwarm de slagroom en roer deze door het chocolade-botermengsel.
- Scheid de eieren.
- Klop het eiwit stijf met de (vanille)suiker.
- Roer de eidooiers door het afgekoelde chocolademengsel.
- Meng vervolgens een schep eiwit door het chocolademengsel en spatel daarna de rest van het eiwit er voorzichtig door. Door dat voorzichtig te doen, zorg je ervoor dat de mousse luchtig blijft en niet instort.
- Doe de mousse in een spuitzak met een glad spuitmondje van circa 1 cm doorsnee of in een maatbeker.

GLUTENVRIJE SIMPELE CHOCOLADEMOUSSE

Simpele chocolademousse is glutenvrij.

LACTOSEVRIJE SIMPELE CHOCOLADEMOUSSE

Voor een lactosevrije versie, vervang je de chocolade door pure, lactosevrije chocolade, de slagroom door sojaroom en de boter door plantaardige margarine.

VEGAN SIMPELE CHOCOLADEMOUSSE

260 g sojaroom
175 g vegan pure chocolade (70% vaste cacaobestanddelen)
130 g sojamelk

- Klop de sojaroom lobbig.
- Smelt de vegan pure chocolade in de magnetron of au bain-marie.
- Verwarm de sojamelk en giet deze bij de gesmolten chocolade.
- Laat het chocolademengsel afkoelen (tot circa 37 °C) en spatel de room er voorzichtig door.
- Doe de mousse in een spuitzak met een glad spuitmondje van circa 1 cm doorsnee.

CRÈME AU BEURRE

Voor dit recept heb je een suikerthermometer nodig, en een staande tafelmixer is handig. Crème au beurre (botercrème) wordt vaak gebruikt voor het maken en afsmeren van taarten. Je kunt crème au beurre op smaak maken met vanillemerg of -extract, koffie-extract, chocolade, praliné: wat je maar lekker vindt.

2 biologische eieren
50 g water + 200 g fijne kristalsuiker
330 g boter, op kamertemperatuur

- Doe de eieren in een roestvrijstalen kom.
- Breng in een kleine steelpan het water met de fijne kristalsuiker aan de kook. Doe de suikerthermometer erbij.
- Zodra de suikerthermometer 100 °C heeft bereikt, begin je met het kloppen van de eieren.
- Als de thermometer 119 °C heeft bereikt, giet je de suikersiroop onder voortdurend kloppen bij de eieren. Ga door met kloppen tot het mengsel helemaal is afgekoeld.
- Voeg daarna onder voortdurend mixen geleidelijk de boter in kleine stukjes toe.
- Soms gaat de crème schiften, maar door voortdurend mixen komt het uiteindelijk goed.
- Voeg eventueel de vanille, het koffie-extract of de praliné toe.

Ik doe crème au beurre niet altijd in een spuitzak, omdat crème au beurre heel snel te warm wordt door de warmte van mijn handen. Ik gebruik vaak gewoon een paletmesje.

GLUTENVRIJE CRÈME AU BEURRE

Crème au beurre is glutenvrij.

Een crème au beurre is, de naam zegt het al, een botercrème. Aangezien boter lactosevrij noch vegan is, heb ik hier helaas geen geschikt recept voor. Je kunt wel de crème mousseline gebruiken voor de recepten waar crème au beurre wordt gebruikt.

WITTE-, MELK-, OF PURECHOCOLADESLAGROOM

Deze slagroom op basis van chocolade moet je een dag van tevoren bereiden. De werkwijze is voor alle drie de soorten chocolade gelijk, alleen zijn de verhoudingen chocolade en slagroom anders. Ik leg eerst uit wat er moet gebeuren en geef daarna de hoeveelheden.

(een dag van tevoren)

- Hak de chocolade in stukjes.
- Doe de stukjes chocolade in een kom en smelt ze in de magnetron of au bain-marie.
- Verwarm een deel slagroom (eventueel met de vanille, zie recepten hierna).
- Giet de warme slagroom bij de gesmolten chocolade en meng goed.
- Giet na 5 minuten de koude slagroom erbij (zie recepten hierna), roer goed en laat afgedekt een nacht in de koelkast staan.
- Klop de slagroom de volgende dag als gewone slagroom stijf.

Witte chocolade

½ vanillestokje, merg + leeggeschraapt stokje
150 g witte chocolade (35% vaste cacao-bestanddelen)
100 g warme slagroom
240 g koude slagroom, vloeibaar

Melkchocolade

205 g melkchocolade (40% vaste cacao-bestanddelen)
90 g warme slagroom
190 g koude slagroom, vloeibaar

Pure chocolade

150 g pure chocolade (61% vaste cacao-bestanddelen)
105 g warme slagroom
210 g koude slagroom, vloeibaar

GLUTENVRIJE CHOCOLADESLAGROOM

Alle chocoladeslagroomrecepten zijn glutenvrij.

LACTOSEVRIJE PURECHOCOLADESLAGROOM

De witte- en melkchocoladeslagroom zijn niet lactosevrij. Vervang voor een lactosevrije purechocoladeslagroom de chocolade door pure lactosevrije chocolade en de slagroom door sojaroom.

VEGAN PURECHOCOLADESLAGROOM

De witte- en melkchocoladeslagroom zijn niet vegan. Vervang voor een vegan purechocoladeslagroom de chocolade door pure vegan chocolade en de slagroom door sojaslagroom.

AMANDELCRÈME

Amandelcrème wordt vaak gebruikt in de taartjes in combinatie met fruit. Je kunt bijvoorbeeld met de amandelcrème variëren door wat cacao, het merg van ½ vanillestokje of pistachepasta aan het basisrecept toe te voegen. Deze crème moet altijd worden gebakken, dus doe hem in een ongebakken taartbodempje.

50 g amandelmeel
½ vanillestokje
50 g boter, op kamertemperatuur
50 g poedersuiker
1 biologisch ei
5 g maïzena

- Verwarm de oven voor tot 150 °C.
- Strooi het amandelmeel op een bakplaat en rooster het 10 minuten in de oven.
- Snijd het halve vanillestokje in de lengte open en schraap met een mes het merg eruit.
- Roer de boter met een pannenlikker zacht en romig.
- Voeg het vanillemerg, de poedersuiker en het amandelmeel toe en roer tot een gladde massa.
- Klop ten slotte met een garde het ei en de maïzena erdoor.

GLUTENVRIJE AMANDELCRÈME

Amandelcrème is glutenvrij.

- Doe de crème in een lege, onafgebakken, (glutenvrije) taartbodem. Vul met fruit en bak het taartje op 160 °C a 170 °C in circa 25 minuten gaar.

LACTOSEVRIJE AMANDELCRÈME

Voor een lactosevrije amandelcrème vervang je de boter door plantaardige margarine.

- Doe de crème in een lege, onafgebakken, (lactosevrije) taartbodem. Vul met fruit en bak het taartje op 160 °C à 170 °C in circa 25 minuten gaar.

VEGAN AMANDELCRÈME

Deze vegan amandelcrème is net zo lekker als de klassieke amandelcrème en wordt op dezelfde wijze gebruikt in combinatie met fruit.

50 g plantaardige margarine, op kamertemperatuur
50 g fijne kristalsuiker
50 g sojayoghurt
50 g amandelmeel
10 g bloem

- Roer de margarine met de fijne kristalsuiker glad en romig.
- Doe de sojayoghurt en het amandelmeel erbij.
- Meng vervolgens de bloem erdoor.
- Laat de crème 1 uur in de koelkast opstijven.
- Doe de crème in een lege, onafgebakken, (vegan) taartbodem. Vul met fruit en bak het taartje op 160 °C à 170 °C in circa 25 minuten gaar.

FRUITTAARTJES

In dit hoofdstuk gaan we taartjes maken met fruit. Ik geef van ieder taartje een voorbeeld. Je kunt zelf natuurlijk ook – aan de hand van de voorgaande hoofdstukken – kiezen welke bodem, welk biscuit en welke vulling je wilt gebruiken. Voor alle recepten heb je blind afgebakken taartbodems nodig, een biscuit, een vulling en acetaatfolie (5 cm hoog).

AARDBEIENTAARTJE MET VANILLE- OF PISTACHEMOUSSELINE (FRAISIER)

Een *fraisier* is een traditionele Franse aardbeientaart die we nu op een taartbodem gaan opbouwen. Ik gebruik hiervoor het basisdeeg voor de taartbodem, een génoise of amandelbiscuit als cakelaagje en de crème mousseline met vanille of pistache.
Het is handig om een paar onderdelen een dag van tevoren te maken, zodat je de volgende dag de taartjes alleen nog maar hoeft op te bouwen.

(een dag van tevoren)

- Zorg ervoor dat je acetaatfolie, 5 cm hoog, in huis hebt.
- Maak 1 recept **basisdeeg** (zie blz. 14) en bak de taartbodems af (zie blz. 17). Bewaar de afgebakken bodems in een trommel.
- Maak 1 recept **génoise** of **amandelbiscuit** (zie blz. 28). Verpak de biscuit in plasticfolie en bewaar in de diepvries of koelkast. Je hoeft dan de volgende dag alleen nog maar rondjes uit te steken.
- Maak 1 recept **siroop** (zie blz. 44). Je kunt een basissiroop, citroensiroop of aardbeiensiroop maken. Als je de siroop een dag van tevoren maakt, dan is de siroop koud en klaar voor gebruik als je de taartjes gaat maken.
- Maak 1 recept **aardbeienjam** (zie hieronder). De fraisier is net iets lekkerder met een dotje jam erin. Als je geen zin of tijd hebt om zelf jam te maken, kun je natuurlijk ook gewoon een potje bij de supermarkt halen.
- Maak een recept **crème mousseline** met vanille of pistache (zie blz. 50).

AARDBEIENJAM

500 g aardbeien
375 g fijne kristalsuiker
het sap van 1 citroen
½ vanillestokje en het merg (optioneel)

- Halveer de aardbeien en doe ze met de suiker, het vanillestokje en -merg en het citroensap in een pan.
- Breng aan de kook en kook gedurende 30 minuten op matig vuur.
- Roer regelmatig.

Recept gaat verder op blz. 70

1
2
3
6
7
8
11

4
5
9
10
12

(de volgende dag)

Het meeste is nu al gedaan, op het afmaken van de mousseline en het opbouwen na.

500 g aardbeien (niet wassen, want dan smaken de taartjes naar water), je hebt 3,5 aardbei per taartje nodig

poedersuiker (voor het bestuiven)

marsepein naturel (of met een beetje pistachepasta erdoor)

- Haal de mousseline en de 60 g resterende boter uit de koelkast, zodat deze op kamertemperatuur kunnen komen.
- Maak ondertussen de 12 taartjes klaar om te vullen.
- Steek 12 rondjes van 5 cm doorsnee uit de biscuit en 12 rondjes van 3 cm doorsnee.
- Knip een strook acetaatfolie van 22 cm lang en plaats de folie in de ring en maak een koker (zie foto's blz. 68-69). Druk daarna een afgebakken taartbodem in de koker (stap 1).
- Doe een dotje aardbeienjam in iedere taartbodem (stap 2) en leg hier een schijfje biscuit op (stap 3).
- Maak de mousseline af. Klop daarvoor met een elektrische handmixer of in een staande tafelmixer de boter zacht en romig en meng dan ⅓ van de crème erdoor tot een homogeen mengsel.
- Voeg de rest van de crème toe.
- Voeg eventueel een eetlepel pistachepasta (zie blz. 33) toe.
- Mix de crème 10 minuten, totdat de crème heel luchtig is geworden.
- Doe de mousseline in een spuitzak met een glad spuitmondje van circa 1 cm doorsnee.
- Bestrijk de biscuitschijfjes met een beetje siroop.
- Verwijder de kroontjes van de ongewassen aardbeien en snijd de aardbeien in de lengte doormidden.
- Plaats de halve aardbeien rechtop en met de platte kant naar buiten tegen de acetaatfolie (stap 4).
- Spuit een beetje crème op de biscuitbodem en strijk de crème met een paletmesje vanuit het midden naar de rand en dan naar boven tot boven aan de rand (stap 5). Spuit wat meer crème in het taartje als je ziet dat je niet genoeg crème hebt gebruikt. De crème moet ook tússen de aardbeien zitten.
- Doe een dotje jam in het midden van de crème (stap 6) en wat stukjes aardbei (stap 7).
- Spuit nog een beetje crème op de stukjes aardbei (stap 8).
- Leg een schijfje biscuit van 3 cm op de stukjes aardbei (stap 9).
- Doe nog een dotje crème op de biscuit en strijk glad (stap 10).
- Laat de fraisiers 2 uur in de koelkast opstijven.
- Bestuif het werkblad met een beetje poedersuiker en rol de marsepein uit.
- Steek rondjes marsepein uit van 6 cm doorsnee en leg deze op de fraisiers (stap 11).
- Werk af met een verse aardbei (stap 12).

FRAMBOZENTAARTJE MET VANILLE- OF PISTACHEMOUSSELINE (FRAMBOISIER)

Een *framboisier* is eigenlijk een fraisier, maar dan met frambozen. De framboisier is heel lekker met pistache, of met vanille.

450 g verse frambozen (je hebt 3 à 4 frambozen per taartje nodig)

Volg het recept van de fraisier (zie blz. 66), maar maak eventueel een **frambozensiroop** en **frambozenjam** (zie hieronder). Bij de fraisier moet je de aardbeien in de lengte halveren en tegen de acetaatfolie drukken. Bij de framboisier moet je de zijkant juist maskeren met crème en de frambozen in het taartje 'verstoppen'.

FRAMBOZENJAM MET PITJES

500 g frambozen (diepvries en ontdooid of vers)
300 g fijne kristalsuiker + 7½ g pectine
het sap van 1 citroen

- Maal de frambozen 10 minuten in een blender of met een staafmixer.
- Doe de fijne kristalsuiker en pectine erbij en maal nog 30 seconden.
- Kook de fruitpuree 4 à 5 minuten en roer het citroensap erdoor.
- Giet de jam in een kom en dek af met plasticfolie.
- Laat afkoelen.

MANGOTAARTJE MET PASSIEVRUCHTENMOUSSELINE

Je kunt ook een passievruchtenmousseline maken met stukjes mango en een amandel- of kokosbiscuit (zie blz. 28-29). Ik zou in dat geval vanille- siroop (zie blz. 44) gebruiken om de biscuit mee te bestrijken en de jam weglaten.

vanillesiroop
20 (!) passievruchten
1 mango, geschild en in stukjes

Volg het recept van de fraisier (zie blz. 66), maar vervang de helft van de melk in het mousselinerecept door passievruchtensap (zie blz. 85). Voor het sap moet je de passievruchten halveren, het vruchtvlees er met een lepel uitschrapen en door een zeef drukken. Mocht je niet genoeg sap krijgen, vul het gewicht dan aan met melk. Heb je iets meer sap, gebruik dan wat minder melk.
Bij de fraisier moet je de aardbeien in de lengte halveren en tegen de acetaatfolie drukken. Bij deze taartjes moet je, net als bij de framboisier, de zijkant maskeren met crème en de stukjes mango in het taartje 'verstoppen'.

ANANASTAARTJE MET VANILLEMOUSSELINE

Een vanillemousseline met stukjes ananas en een amandel- of kokosbiscuit (zie blz. 28) is ook een ontzettend goede combinatie. Ik zou in dat geval vanillesiroop (zie blz. 44) gebruiken om de biscuit mee te bestrijken en de jam weglaten.

Volg het recept van de fraisier (zie blz. 66) en maak een mousseline met vanille. Maak de ananas ook een dag van tevoren klaar.

200 g ananas
10 g boter
10 g rietsuiker
het sap en de geraspte schil van ½ onbespoten limoen

- Snijd de ananas in kleine stukjes.
- Smelt de boter in een koekenpan en doe de stukjes ananas en de rietsuiker erbij.
- Laat de ananas ongeveer 10 minuten op laag vuur karamelliseren en voeg het limoensap toe.
- Laat de ananas afkoelen en roer de geraspte schil van de ½ limoen erdoor.
- Bewaar tot de volgende dag in de koelkast.

Bij de fraisier moet je de aardbeien in de lengte halveren en tegen de acetaatfolie drukken. Bij deze taartjes moet je, net als bij de framboisier, de zijkant maskeren met crème en de stukjes ananas in het taartje 'verstoppen'.

MOUSSETAARTJES (12 TAARTJES)

Moussetaartjes, ook wel charlottetaartjes of bavaroisetaartjes genoemd, worden meestal gemaakt met biscuit cuillère (langevingerbiscuit) of joconde. Deze taartjes worden vaak afgewerkt met een laagje gelei, maar kunnen ook zo met vers fruit worden afgewerkt.

Gelei

2 g gelatine
20 g water
50 g fijne kristalsuiker
100 g fruitpuree

- Laat de gelatine 15 minuten in koud water weken en daarna uitlekken.
- Breng het water met de fijne kristalsuiker aan de kook totdat de suiker is opgelost.
- Haal de pan van het vuur en roer de fruitpuree en de gelatine erdoor.
- Giet de gelei over de taartjes en wacht tot deze is gestold.

CITROENMOUSSETAARTJE

De citroencharlotte bestaat uit een frisse citroenmousse op basis van een lemon curd.

(een dag van tevoren)
- Maak 1 recept **basisdeeg** met wat geraspte schil van een onbespoten citroen erdoor (zie blz. 14) en bak de taartbodems af (zie blz. 17). Bewaar de afgebakken bodems in een trommel.
- Maak 1 recept **citroensiroop** (zie blz. 44). Als je de siroop een dag van tevoren maakt, dan is de siroop koud en klaar voor gebruik als je de taartjes gaat maken.
- Zorg ervoor dat je voor de afwerking van de taartjes gekonfijte citroen in huis hebt.

(de volgende dag)
- Maak 1 recept **lemon curd** zoals hierna wordt beschreven.
- Maak 1 recept **biscuit cuillère** of **joconde** (zie blz. 34-35).
- Maak 1 recept **citroenmousse** zoals hierna wordt beschreven. Maak de mousse pas als je de taartjes in elkaar hebt gezet met de biscuitrand (zie hierna).

LEMON CURD

2 onbespoten citroenen
90 g fijne kristalsuiker
2 biologische eieren
35 g boter

- Rasp de helft van een van de citroenen en pers beide citroenen uit.
- Doe het sap (100 g) in een vuurvaste kom en klop met een garde de fijne kristalsuiker en eieren erdoor.
- Verwarm de kom au bain-marie door de kom op een kleine steelpan met een laagje water te zetten. Pas op: de kom mag het water niet raken, want dan wordt de crème te warm en gaat hij schiften.
- Kook de curd onder voortdurend roeren tot de thermometer 85 °C aangeeft of, als je geen thermometer hebt, tot de curd lobbig is geworden.
- Haal de kom van het vuur en roer de boter en geraspte schil van de ½ onbespoten citroen erdoor.
- Laat afkoelen terwijl je de biscuit maakt (zie blz. 34-35).

Recept gaat verder op blz. 80

- Laat de biscuit afkoelen. Zet vervolgens eerst de 12 taartjes in elkaar en maak daarna pas de mousse.
- Steek 12 rondjes van 5 cm doorsnee uit de biscuit. Snijd 12 reepjes biscuit van 4 cm hoog en 17,5 cm lang.
- Knip een strook acetaatfolie van 22 cm lang en plaats de folie in de ring en maak een koker (zie foto's blz. 68-69). Druk daarna een afgebakken taartbodem in de koker.
- Doe een dotje lemoncurd in iedere taartbodem en leg hier een schijfje biscuit op.
- Bestrijk de biscuitschijfjes met een beetje citroensiroop.
- Plaats een reepje biscuit tegen de acetaatfolie en vorm als het ware een koker. Zorg dat de gladde kant van de biscuit aan de binnenkant zit.
- Zo, nu zijn de taartjes klaar voor de mousse.

CITROENMOUSSE

6 g gelatine
280 g slagroom
sap en geraspte schil van 1 onbespoten citroen
1 recept lemon curd (zie blz. 79)

- Laat de gelatine 15 minuten in koud water weken en daarna uitlekken.
- Klop de slagroom stijf en zet deze in de koelkast.
- Rasp en pers de citroen.
- Verwarm het citroensap (niet te warm, maar net warm genoeg zodat de gelatine oplost) en doe de gelatine erbij.
- Doe de lemon curd met de geraspte schil van de onbespoten citroen en het citroensap in een kom. Spatel de slagroom voorzichtig erdoor.
- Doe de mousse in een spuitzak met een glad spuitmondje van circa 1 cm doorsnee of in een maatbeker.
- Vul de taartjes tot bovenaan vol met mousse.
- Laat de taartjes 2 uur in de koelkast opstijven.
- Versier de taartjes met de gekonfijte citroen.

FRAMBOZENMOUSSETAARTJE

Ik geef hier een voorbeeld van een frambozenmoussetaartje, maar je kunt allerlei soorten fruit gebruiken. Zie blz. 55 voor het maken van fruitpulp.

(een dag van tevoren)

- Maak 1 recept **basisdeeg** (zie blz. 14) en bak de taartbodems af (zie blz. 17). Bewaar de afgebakken bodems in een trommel.
- Maak 1 recept trempeer**siroop** (zie blz. 44). Maak een siroop naar keuze. Als je de siroop een dag van tevoren maakt, dan is de siroop koud en klaar voor gebruik als je de taartjes gaat maken.
- Maak 1 recept **frambozenjam** (zie blz. 72). Het moussetaartje is net iets lekkerder met een dotje jam erin. Als je geen zin of tijd hebt om zelf jam te maken, kun je natuurlijk ook een potje bij de supermarkt halen.
- Maak 1 recept **frambozenpulp** (zie blz. 55). Maak de pulp een dag eerder zodat je de volgende dag alleen de mousse nog maar hoeft te maken. Bewaar hem tot gebruik in de koelkast.

(de volgende dag)
200 g frambozenpulp
450 g verse frambozen

- Maak een recept **biscuit cuillère** of **joconde** (zie blz. 34-35).

· Zet als de biscuit klaar en afgekoeld is, eerst de 12 taartjes in elkaar en maak daarna pas de mousse.
· Steek 12 rondjes van 5 cm doorsnee uit de biscuit.
· Snijd 12 reepjes biscuit van 4 cm hoog en 17,5 cm lang.
· Knip een strook acetaatfolie van 22 cm lang en plaats de folie in de ring en maak een koker (zie foto's blz. 68-69). Druk daarna een afgebakken taartbodem in de koker.
· Doe een dotje frambozenjam in iedere taartbodem en leg hier een schijfje biscuit op.
· Bestrijk de biscuitschijfjes met een beetje siroop.
· Plaats een reepje biscuit tegen de acetaatfolie en vorm als het ware een koker. Zorg dat de gladde kant van de biscuit aan de binnenkant zit.
· Zo, nu zijn de taartjes klaar voor de mousse.
· Maak de mousse zoals wordt beschreven op blz. 55.
· Spuit of giet een beetje mousse in het taartje, doe een paar frambozen in de mousse en vul het taartje tot bovenaan met mousse.
· Laat de taartjes 2 uur in de koelkast opstijven en versier met verse frambozen.

VANILLEMOUSSETAARTJE MET FRUITGELEI

Een moussetaartje geef je een extra boost door er een fruitgeleibolletje in te doen. Maak voor dit vanillemoussetaartje een dag van tevoren de fruitgeleibolletjes.

FRUITGELEI

Fruitgelei bestaat uit fruitpulp, suiker en pectine. De hoeveelheid pectine verschilt per fruitsoort (zie hieronder), maar verder ga je voor ieder soort fruit op dezelfde manier te werk. Zorg ervoor dat je wat extra fruit hebt voor de afwerking van de taartjes.

(een dag van tevoren)

- Maal het fruit in de blender.
- Meng de pectine met de fijne kristalsuiker.
- Verwarm het gepureerde fruit in een pan. Als het fruit 40 °C is, meng je het pectinemengsel er met een garde door. Zorg ervoor dat er geen klontjes ontstaan.

- Breng het aan de kook en laat 3 minuten onder voortdurend roeren koken.
- Om te controleren of de gelei klaar is, laat je een druppel gelei op een bord vallen en kijk je of de druppel stolt. Als de druppel niet stolt, moet je de gelei nog even laten koken.
- Giet het fruit in een siliconenvorm met halve bolletjes van 2 cm doorsnee en zet ze tot de volgende dag in de diepvries.

Roodfruitmix

147 g gemengd rood fruit (vers of diepvries)
1 g pectine
31 g fijne kristalsuiker

Framboos of aardbei

160 g frambozen of 160 g aardbeien
2,5 g pectine
30 g fijne kristalsuiker

Kersen

150 g kersen zonder pit (diepvries of vers)
1½ g pectine
30 g fijne kristalsuiker

Passievrucht

153 g passievruchtensap (15 passievruchten)
2 g pectine
28 g fijne kristalsuiker

Mango-passievrucht

75 g passievruchtensap (ongeveer 8 passievruchten)
75 g mangopulp
2 g pectine
30 g fijne kristalsuiker

- Volg het recept van het frambozenmoussetaartje (zie blz. 82), maar vervang de frambozenmousse door de vanillemousse op blz. 57.
- Werk af met vers fruit.

KARAMELMOUSSETAARTJE MET PEER OF APPEL

Deze karamelmousse is heerlijk met peer of appel.

(een dag van tevoren)

- Maak 1 recept **basisdeeg** of **hazelnootdeeg** (zie blz. 14 of blz. 20) en bak de taartbodems (zie blz. 17). Bewaar de afgebakken bodems in een trommel.
- Maak 1 recept **gezouten karamel** (zie blz. 88).
- Maak **gedroogde appel- of perenschijfjes** voor de afwerking (zie hiernaast).

GEDROOGDE APPEL- OF PERENSCHIJFJES

2 appels of 2 peren

- Verwarm de oven voor tot 120 °C.
- Was het fruit en snijd in hele dunne schijfjes met een mandoline of een scherp mes.
- Leg de schijfjes fruit op een met bakpapier beklede bakplaat en leg ook een stuk bakpapier op het fruit.
- Laat het fruit ongeveer 1 uur drogen.

(de volgende dag)

- Maak het **fruit** klaar zoals hierna wordt beschreven.
- Maak 1 recept **joconde** (zie blz. 34). Laat de joconde afkoelen.
- Zet vervolgens eerst de 12 taartjes in elkaar en maak pas daarna de mousse.

GEZOUTEN KARAMEL

100 g slagroom
50 g gezouten boter, in stukjes
100 g fijne kristalsuiker

- Verwarm de slagroom en zet opzij.
- Verwarm in een kleine steelpan de boter met de fijne kristalsuiker.
- Laat op laag vuur karamelliseren zonder te roeren. Je mag het pannetje zo nu en dan heen en weer schuiven, maar laat het verder met rust.
- Als de suiker karamelkleurig is, zet je het vuur zo laag mogelijk en giet je de nog lauwe slagroom erbij.
- Laat 10 minuten koken en roer zo nu en dan. Zet het vuur uit en laat de karamel afkoelen.
- Bewaar de karamel in de koelkast.

FRUIT

2 peren of 2 appels
20 g boter
20 g fijne kristalsuiker

- Schil het fruit en snijd het in blokjes van 1 x 1 cm.
- Smelt de boter in een koekenpan en bak het fruit 10-15 minuten met de fijne kristalsuiker. Het fruit moet niet te zacht worden.
- Laat het fruit afkoelen.

Taartjes opbouwen

- Steek 12 rondjes van 5 cm doorsnee uit de joconde. Snijd 12 reepjes joconde van 2 cm hoog en 17,5 cm lang.
- Knip een strook acetaatfolie van 22 cm lang en plaats de folie in de ring en maak een koker (zie foto's blz. 68-69). Druk daarna een afgebakken taartbodem in de koker.
- Doe een dotje gezouten karamel in iedere taartbodem en leg hier een schijfje joconde op.
- Plaats een reepje joconde tegen de acetaatfolie en vorm als het ware een koker. Zorg dat de gladde kant van de joconde aan de buitenkant zit. De biscuitrand is laag, zodat je een randje mousse ziet als je het taartje hebt gevuld.
- Zo, nu zijn de taartjes klaar voor de mousse.

KARAMELMOUSSE

6 g gelatine
70 g fijne kristalsuiker
225 g melk
3 eidooiers van biologische eieren + 25 g fijne kristalsuiker
250 g slagroom

- Laat de gelatine 15 minuten in koud water weken en uitlekken.
- Verhit een steelpan op laag vuur en strooi er ⅓ van de fijne kristalsuiker in.
- Zodra de fijne kristalsuiker is gesmolten, voeg je nog ⅓ fijne kristalsuiker toe. Wacht opnieuw tot de fijne kristalsuiker is gesmolten. Dit proces duurt lang en je mag vooral niet roeren, maar je mag wel de pan heen en weer schuiven.
- Voeg de rest van de fijne kristalsuiker toe en wacht tot alle suiker is gesmolten en gekaramelliseerd.
- Giet de melk er beetje bij beetje bij en blijf al roerend verwarmen totdat de karamel is opgelost.
- Haal de pan van het vuur.
- Klop met een garde in een kom de eidooiers met de fijne kristalsuiker schuimig.
- Verwarm de 'karamelmelk' en doe een scheutje bij het eidooier-suiker-mengsel om een thermische shock te voorkomen.
- Giet dit weer terug in de pan en verwarm de crème onder voortdurend roeren tot 85 °C. Als je geen thermometer hebt, verwarm de crème dan tot hij gaat binden maar nog niet kookt.
- Giet de crème door een zeef en roer na 5 minuten de uitgelekte gelatine erdoor.
- Laat afkoelen en roer zo nu en dan.
- Klop de slagroom lobbig en meng met een garde een schep slagroom door de crème.
- Spatel vervolgens de rest van de slagroom er voorzichtig door.
- Doe de mousse in een spuitzak met een glad spuitmondje van circa 1 cm doorsnee of in een maatbeker.
- Doe een beetje mousse in het taartje en leg wat stukjes peer of appel in het midden, met een theelepel gezouten karamel.
- Vul de taartjes vervolgens af met mousse en strijk de taartjes glad.
- Laat de taartjes 2 uur in de koelkast opstijven.
- Versier de taartjes met het gedroogde fruit.

TIP Dit taartje met een lage biscuitrand is ook heel mooi met een roodfruit-mousse, afgewerkt met een laagje gelei of vers rood fruit.

CHOCOLADETAARTJES

Natuurlijk ontbreekt het hoofdstuk chocolade niet. Voor een driedubbel chocoladetaartje kun je een chocoladedeegbodem maken, een chocoladebiscuit gebruiken en een chocoladevulling uitkiezen. Ik geef enkele voorbeelden, maar ook hier kun je je fantasie de vrije loop laten. Ik kon het niet laten om weer een aantal ganacherecepten te geven, als aanvulling op de reeks ganaches in mijn boek *Kleine taartjes.*

Chocoladetaartjes

100% CHOCO

Dit taartje is een en al chocolade: chocoladedeeg, chocoladesiroop, chocoladebiscuit, *mousse au chocolat* én chocoladeschotsen ter garnering. Het is handig om een paar onderdelen een dag van tevoren te maken, zodat je de volgende dag de taartjes alleen nog maar hoeft op te bouwen.

(een dag van tevoren)

- Maak 1 recept **chocoladedeeg** (zie blz. 18) en bak de taartbodems (zie blz. 17). Bewaar de afgebakken bodems in een trommel.
- Maak 1 recept **chocoladesiroop** (zie blz. 44). Als je de siroop een dag van tevoren maakt, dan is de siroop koud en klaar voor gebruik als je de taartjes gaat maken.

(de volgende dag)

- Zorg ervoor dat je acetaatfolie, 5 cm hoog, in huis hebt.
- Maak 1 recept **chocoladebiscuit** (zie blz. 29).

· Maak 12 taartjes klaar om te vullen.
· Steek 24 rondjes (2 per taartje) van 5 cm doorsnee uit de biscuit.
· Knip een strook acetaatfolie van 22 cm lang en plaats de folie in de ring en maak een koker (zie foto's blz. 68-69). Druk daarna een afgebakken taartbodem in de koker.
· Leg in iedere bodem een schijfje biscuit.

- Maak de **simpele chocolademousse** (zie blz. 59).

· Bestrijk de biscuit met een beetje chocoladesiroop.
· Spuit de taartjes voor de helft vol met mousse.
· Leg het tweede schijfje biscuit in de taartjes en spuit de taartjes helemaal vol met mousse.
· Strijk de bovenkant glad.
· Laat de taartjes 2 uur in de vriezer opstijven.

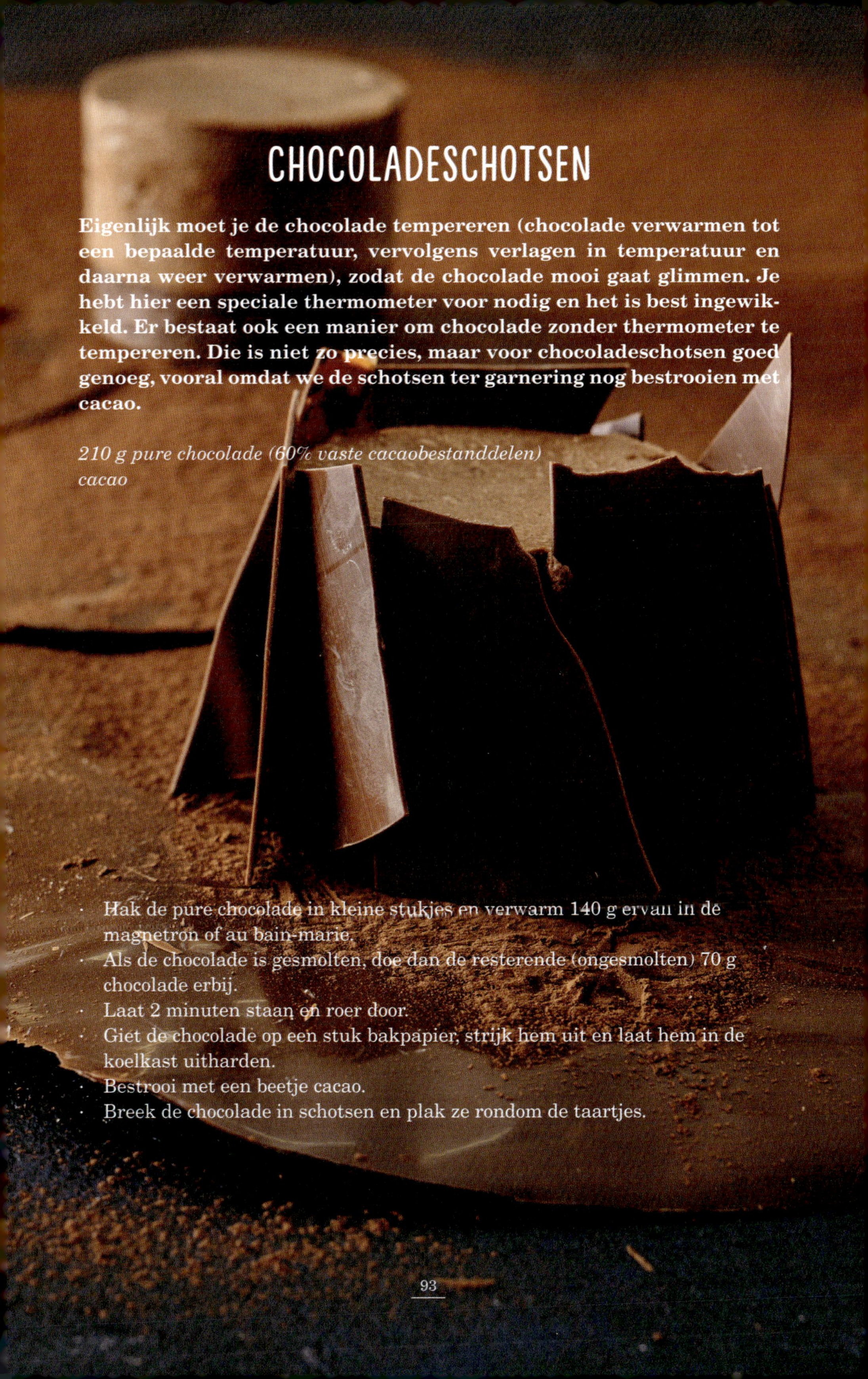

CHOCOLADESCHOTSEN

Eigenlijk moet je de chocolade tempereren (chocolade verwarmen tot een bepaalde temperatuur, vervolgens verlagen in temperatuur en daarna weer verwarmen), zodat de chocolade mooi gaat glimmen. Je hebt hier een speciale thermometer voor nodig en het is best ingewikkeld. Er bestaat ook een manier om chocolade zonder thermometer te tempereren. Die is niet zo precies, maar voor chocoladeschotsen goed genoeg, vooral omdat we de schotsen ter garnering nog bestrooien met cacao.

210 g pure chocolade (60% vaste cacaobestanddelen)
cacao

- Hak de pure chocolade in kleine stukjes en verwarm 140 g ervan in de magnetron of au bain-marie.
- Als de chocolade is gesmolten, doe dan de resterende (ongesmolten) 70 g chocolade erbij.
- Laat 2 minuten staan en roer door.
- Giet de chocolade op een stuk bakpapier, strijk hem uit en laat hem in de koelkast uitharden.
- Bestrooi met een beetje cacao.
- Breek de chocolade in schotsen en plak ze rondom de taartjes.

NET EEN MAGNUM®

Voor deze taartjes heb je 3 siliconen matjes met halve bolletjes van 5 cm doorsnee nodig. Met deze hoeveelheid crème kun je 24 taartjes maken. Je kunt ook 2 matjes gebruiken, de rest van de crème in glazen gieten en er wat wittechocoladeslagroom opspuiten voor een geweldig dessert. Bij *Petit gâteau* maken we voor verjaardagen altijd een chocoladetaart op basis van krokante praliné en romige chocolademousse. Mijn zoon Jules wilde er een minimini-taartje van maken, wat een groot succes werd. Ondertussen heeft hij allerlei combinaties verzonnen. Het lijken wel Magnum®-ijsjes!
In de bodem zit een krokant laagje: gepofte rijst met gesmolten chocolade of *gianduja*. Daarbovenop komt een chocolademousse, op basis van een crème anglaise. Die giet je in de siliconen vorm met halve bolletjes en laat je opstijven in de vriezer. Tot slot haal je de halve bolletjes door de chocolade. Zo krijg je het krokante laagje, net als op het ijsje.

(een dag van tevoren)
- Maak 1 recept **basisdeeg** (zie blz. 14) en bak de taartbodems af (zie blz. 17). Bewaar de afgebakken bodems in een trommel.
- Maak 1 recept **gianduja**, zoals hieronder wordt beschreven.
- Check of je gepofte rijst in huis hebt.

GIANDUJA

150 g hele hazelnoten, geblancheerd
100 g poedersuiker
mespunt zout
150 g melkchocolade (40% vaste cacaobestanddelen)

- Verwarm de oven voor tot 150 °C.
- Rooster de hazelnoten 15 minuten in de voorverwarmde oven.
- Doe de geroosterde hazelnoten met de poedersuiker en het zout in een blender.
- Mix de hazelnoten tot er een soort pasta ontstaat, maar zet de blender zo nu en dan uit om te voorkomen dat de motor doorbrandt.
- Hak de melkchocolade in stukjes.
- Smelt de stukjes melkchocolade in de magnetron of au bain-marie en meng ze met de pasta.
- Laat de gianduja een nacht in de koelkast stollen.

Recept gaat verder op blz. 96

- Maak de **romige chocolademousse**, zoals hierna wordt beschreven. Je kunt hem melk, puur of wit maken. De werkwijze is voor melk en puur hetzelfde. In de witte chocolade zit gelatine.

ROMIGE CHOCOLADEMOUSSE

Melkchocolade

290 g melkchocolade (40% vaste cacaobestanddelen)
1 recept crème anglaise (zie blz. 52)
230 g slagroom

Pure chocolade

190 g pure chocolade (60% vaste cacaobestanddelen)
1 recept crème anglaise (zie blz. 52)
230 g slagroom

- Hak de chocolade in kleine stukjes en smelt de chocolade in de magnetron of au bain-marie.
- Maak de crème anglaise, maar laat de crème niet afkoelen. Giet de crème over de gesmolten chocolade en mix met de staafmixer tot een glad mengsel.
- Klop de slagroom lobbig.
- Roer een schep slagroom door de chocoladecrème en spatel daarna de rest van de slagroom voorzichtig erdoorheen.
- Giet of spuit de mousse met een spuitzak in de siliconen vormen, en zet ze in de diepvries.

Witte chocolade

4 g gelatine
260 g witte chocolade (35% vaste cacaobestanddelen)
1 recept crème anglaise (zie blz. 52)
slagroom

- Volg het vorige recept, maar laat eerst de gelatine 15 minuten in koud water weken en uitlekken en roer als je de crème anglaise hebt gekookt, de uitgelekte gelatine erdoor. Giet daarna de crème anglaise over de gesmolten witte chocolade.

TIP Als je de romige chocolademousse in de bolletjes hebt gedaan, kun je er bijvoorbeeld een framboos in doen, of er wat gezouten karamel (zie blz. 88) in spuiten.

(de volgende dag)

- Smelt 200 g gianduja (zie blz. 95) of chocolade (melk, puur of wit) en meng deze met 60 g gepofte rijst.
- Vul de afgebakken taartbodems met het chocolade-rijstmengsel en strijk mooi glad.
- Zet ze in de koelkast.
- Ga verder met de chocolade voor het krokante chocoladelaagje.

KROKANT CHOCOLADELAAGJE

Dit krokante laagje kun je met melk-, pure of witte chocolade maken. De verhoudingen zijn voor alle soorten chocolade gelijk. Je kunt de topping zo gebruiken of er geroosterde, gehakte hazelnoten, pistachenoten of amandelen (of een mix daarvan) doorheen mengen, of stukjes koek of brownie, noem maar op.

100 g geroosterde, gehakte amandelen, hazelnoten of een mix (optioneel)
500 g chocolade (60% vaste cacaobestanddelen
200 g cacaoboter

- Verwarm de oven voor tot 150 °C.
- Verdeel de noten over een met bakpapier beklede bakplaat en rooster de noten circa 15 minuten.
- Hak de noten in kleine stukjes.
- Hak de chocolade in stukjes en smelt de chocolade in de magnetron of au bain-marie.
- Smelt de cacaoboter en roer deze door de gesmolten chocolade.
- Roer de gehakte nootjes door de chocolade.
- Prik met een vork in de platte onderkant van het bevroren halve bolletje chocolademousse en haal de bolle kant door de gesmolten chocolade en laat de chocolade stollen (zie blz. 98-99).
- Neem een bodem, doe er een dotje gesmolten gianduja of chocolade op en plak het bolletje vast.
- Laat de taartjes 1 uur in de koelkast ontdooien.

CHOCOLADEBAVAROISETAARTJE

(een dag van tevoren)

- Maak 1 recept **basisdeeg of chocoladedeeg** (zie blz. 14 of blz. 18) en bak de taartbodems af (zie blz. 17). Bewaar de afgebakken bodems in een trommel.
- Maak 1 recept **chocoladesiroop** (zie blz. 44).

(de volgende dag)

- Zorg ervoor dat je acetaatfolie, 5 cm hoog, in huis hebt
- Maak **chocoladekrullen** (zie hieronder) om de taartjes mee te versieren.

CHOCOLADEKRULLEN

150 g pure chocolade (60% vaste cacaobestanddelen)

- Zet een schone bakplaat in de koelkast of gebruik een marmeren plaat.
- Hak de pure chocolade in kleine stukjes en smelt de chocolade in de magnetron of au bain-marie.
- Smeer de chocolade uit over de koude of marmeren plaat en laat iets (niet helemaal) uitharden.
- Duw de chocolade van de plaat met een plamuurmes, zodat er een krul ontstaat. (Soms mislukken ze en dan heb je chocoladevlokken, maar die zijn ook goed hoor.)
- Laat de krullen uitharden.

- Maak 1 recept **chocoladejoconde** of **chocoladebiscuit** (zie blz. 34 of blz. 29). Zet, als de joconde of chocoladebiscuit klaar en afgekoeld is, eerst de 12 taartjes klaar en maak daarna pas de bavaroise.

- Steek 12 rondjes van 5 cm doorsnee uit de joconde of chocoladebiscuit en snijd 12 reepjes joconde of chocoladebiscuit van 2 cm hoog en 17,5 cm lang.
- Knip een strook acetaatfolie van 22 cm lang en plaats de folie in de ring en maak een koker (zie foto's blz. 68-69). Druk daarna een afgebakken taartbodem in de koker.
- Leg een schijfje joconde of chocoladebiscuit in de taartbodem.
- Bestrijk het biscuitschijfje met een beetje siroop.
- Plaats een reepje joconde of chocoladebiscuit tegen de acetaatfolie en vorm als het ware een koker. Zorg dat de gladde kant van de biscuit (met de gaatjes) aan de buitenkant zit. De biscuitrand is laag, zodat je de chocoladeschotsen vast kunt plakken aan het randje bavaroise.
- Nu zijn de taartjes klaar voor de bavaroise.

Recept gaat verder op blz. 102

CHOCOLADEBAVAROISE

3 g gelatine
60 g fijne kristalsuiker
3 eidooiers van biologische eieren
190 g melk
20 g cacao
100 g pure chocolade (60% vaste cacaobestanddelen)
190 g slagroom

- Laat de gelatine 15 minuten in koud water weken en daarna uitlekken.
- Klop in een kom de helft van de fijne kristalsuiker met de eidooiers los.
- Breng in een kleine steelpan de melk met de andere helft van de fijne kristalsuiker en de cacao aan de kook.
- Giet een beetje kokende melk bij de eidooiers en roer goed.
- Giet dit ei-melkmengsel weer terug in de pan en verwarm de crème onder voortdurend roeren tot 85 °C. Als je geen thermometer hebt, verwarm de crème dan tot hij gaat binden maar nog niet kookt.
- Giet de crème door een zeef en roer na 5 minuten de uitgelekte gelatine erdoor.
- Hak de pure chocolade in stukjes.
- Giet de crème anglaise over de gehakte chocolade en klop met een staafmixer tot een mooie, gladde crème.
- Klop de slagroom lobbig en meng met een garde een beetje slagroom door de afgekoelde chocolade.
- Spatel vervolgens de rest van de slagroom erdoor.
- Doe de bavaroise in een spuitzak met een glad spuitmondje van circa 1 cm doorsnee of in een maatbeker.
- Vul de taartjes tot aan de rand van de acetaatfolie vol met de bavaroise en strijk glad.
- Laat de taartjes 2 uur in de koelkast of diepvries opstijven.
- Versier de bavaroises met de chocoladekrullen.

GANACHES

De recepten zijn voor circa 12 afgebakken taart-bodems. Voor deze taartjes heb je geen biscuits, siroop of acetaatfolie nodig. Je hoeft alleen de ganache in de lege taart- bodems te gieten, en klaar is kees.

GANACHE VAN PURE EN MELKCHOCOLADE MET APPELSTROOP

30 g pure chocolade (60% vaste cacaobestanddelen)
90 g melkchocolade (40% vaste cacaobestanddelen)
60 g slagroom
60 g appelstroop
½ tl kaneel, naar smaak
6 mini-stroopwafels, gehalveerd, ter garnering

- Hak de pure chocolade en de melkchocolade in stukjes.
- Doe de stukjes chocolade in een kom en smelt de chocolade in de magnetron of au bain-marie.
- Breng de slagroom met de appelstroop aan de kook.
- Giet de slagroom over de gesmolten chocolade. Voeg de kaneel toe en roer met een pannenlikker in het midden van de kom, steeds in dezelfde richting, tot alles goed gemengd is.
- Mix de ganache nog even met een staafmixer tot een mooie, gladde crème.
- Giet de ganache in de taartbodems en laat ze in de koelkast opstijven.
- Versier het taartje met een half stroopwafeltje.

GANACHE VAN PURE CHOCOLADE MET MUNT

130 g slagroom
20 g honing
10 blaadjes verse munt + kleine muntblaadjes, ter garnering
120 g pure chocolade (60% vaste cacaobestanddelen)
7 g boter

- Breng de slagroom met de honing en de muntblaadjes aan de kook en laat 5 minuten trekken.
- Zeef de slagroom.
- Hak de pure chocolade in stukjes.
- Doe de stukjes pure chocolade in een kom en smelt de chocolade in de magnetron of au bain-marie.
- Controleer het gewicht van de slagroom en vul aan indien nodig.
- Verwarm de slagroom opnieuw.
- Giet de slagroom over de gesmolten chocolade. Roer met een pannenlikker in het midden van de kom, steeds in dezelfde richting, tot alles goed gemengd is.
- Doe vervolgens de boter erbij en mix de ganache met een staafmixer tot een mooie, gladde crème.

Muntfondant

240 g poedersuiker
30 g water
1 scheut zonnebloemolie
pepermuntextract, naar smaak

- Zeef de poedersuiker en meng met het water, de zonnebloemolie en het pepermuntextract.
- Giet een laagje muntfondant in de taartbodems en laat de fondant stollen in de koelkast.
- Giet een laagje ganache over de fondant en laat in de koelkast opstijven.
- Versier met een blaadje verse munt.

GANACHE VAN WITTE CHOCOLADE MET KERSEN

80 g kersenpulp (130 g diepvrieskersen of 180 g verse kersen)
16 g citroensap
150 g witte chocolade (35% vaste cacaobestanddelen)
45 g slagroom
kirsch, naar smaak
verse of amarenakersen, ter garnering

- Pureer de kersen in een blender of met een staafmixer.
- Voeg het sap toe aan 80 g kersenpulp.
- Hak de witte chocolade in stukjes.
- Doe de stukjes witte chocolade in een kom en smelt de chocolade in de magnetron of au bain-marie.
- Breng de slagroom met de kersenpulp en het citroensap aan de kook.
- Giet de kokende slagroom over de gesmolten chocolade. Roer met een pannenlikker in het midden van de kom, steeds in dezelfde richting, tot alles goed gemengd is.
- Voeg, naar smaak, kirsch toe.
- Mix de ganache nog even met een staafmixer tot een mooie, gladde crème.
- Giet de ganache in de taartbodems en laat ze in de koelkast opstijven.
- Versier met een verse kers of met een amarenakers.

GANACHE VAN MELKCHOCOLADE MET PASSIEVRUCHT

75 g passievruchtensap (van circa 8 passievruchten)
165 g melkchocolade (40% vaste cacaobestanddelen)
30 g boter
passievruchtenpitjes, ter garnering

- Halveer de passievruchten en haal met een lepel het vruchtvlees eruit.
- Wrijf 75 g passievruchtenvruchtvlees en het sap door een zeef.
- Hak de melkchocolade in stukjes.
- Doe de stukjes melkchocolade in een kom en smelt de chocolade in de magnetron of au bain-marie.
- Verwarm het passievruchtensap en giet het over de gesmolten chocolade. Roer met een pannenlikker in het midden van de kom, steeds in dezelfde richting, tot alles goed gemengd is.
- Doe vervolgens de boter erbij en mix de ganache nog even met een staafmixer tot een mooie, gladde crème.
- Giet de ganache in de taartbodems en laat ze in de koelkast opstijven.
- Versier met passievruchtenpitjes die over zijn na het zeven.

GANACHE VAN PURE CHOCOLADE MET SINAASAPPEL

200 g pure chocolade (60% vaste cacaobestanddelen)
200 g slagroom
geraspte schil van 1 onbespoten sinaasappel
Cointreau of Grand Marnier, naar smaak
gekonfijte sinaasappel, ter garnering

- Hak de pure chocolade in stukjes.
- Doe de stukjes pure chocolade in een kom en smelt de chocolade in de magnetron of au bain-marie.
- Breng de slagroom aan de kook.
- Giet de slagroom over de gesmolten chocolade. Roer met een pannenlikker in het midden van de kom, steeds in dezelfde richting, tot alles goed gemengd is.
- Voeg de geraspte schil van de onbespoten sinaasappel en, naar smaak, Cointreau of Grand Marnier toe.
- Mix de ganache nog even met een staafmixer tot een mooie, gladde crème.
- Giet de ganache in de taartbodems en laat ze in de koelkast opstijven.
- Versier met gekonfijte sinaasappel.

GANACHE VAN PURE CHOCOLADE MET VIJGEN

Voor dit recept heb je een suikerthermometer nodig. Bij dit recept houd je ganache over, die je kunt invriezen.

Vijgenpuree

200 g verse vijgen vóór 160 g puree
2 eetlepels water
20 g fijne kristalsuiker
de rasp van ¼ onbespoten sinaasappel
het sap van ¼ citroen

Ganache

50 g water
100 g fijne kristalsuiker
30 g glucose (online verkrijgbaar)
160 g vijgenpuree
30 g honing
20 g gedroogde vijgen, gehakt
2 g speculaaskruiden
150 g pure chocolade (60% vaste cacaobestanddelen)
40 g boter
50 g slagroom
Verse vijgen, ter garnering

Vijgenpuree

- Was de vijgen en snijd ze in 8 stukken.
- Doe de vijgen met de 2 eetlepels water, kristalsuiker, sinaasappelrasp en citroensap in een pan en laat een kwartier zachtjes koken en roer zo af en toe.
- Laat de vijgen afkoelen en pureer ze.

Ganache

- Doe het water met de glucose en de fijne kristalsuiker in een kleine steelpan met de suikerthermometer.
- Laat de suiker karamelliseren tot 180 °C.
- Doe de vijgenpuree met de honing, gehakte, gedroogde vijgen en speculaaskruiden erbij.
- Verwarm tot 103 °C en roer af en toe om te voorkomen dat het aanbrandt.
- Laat afkoelen tot 85 °C en giet over de chocolade en de boter.
- Mix de ganache met de staafmixer.
- Verwarm de slagroom en roer deze door de ganache.
- Door de vijgen is de ganache nogal dik, maar door de slagroom krijgt het precies de juiste dikte.
- Versier met ¼ vijg.

GANACHE VAN PURE CHOCOLADE MET CHILIPEPER

200 g pure chocolade (60% vaste cacaobestanddelen)
200 g slagroom
½ chilipeper
cayennepeper, naar smaak

- Hak de pure chocolade in stukjes.
- Doe de stukjes pure chocolade in een kom en smelt de chocolade in de magnetron of au bain-marie.
- Verwarm de slagroom met een halve chilipeper en laat 3 minuten trekken.
- Zeef de slagroom.
- Controleer het gewicht van de slagroom en vul aan indien nodig.
- Verwarm de slagroom opnieuw.
- Giet de hete slagroom over de gesmolten chocolade en roer met een pannenlikker in het midden van de kom, steeds in dezelfde richting, tot alles goed gemengd is.
- Mix vervolgens de ganache met de staafmixer en breng op smaak met cayennepeper.
- Versier de ganache met een snufje cayennepeper of een stukje verse chilipeper.

GANACHE VAN GEKARAMELLISEERDE WITTE CHOCOLADE

Als versiering is fudge heel mooi, én lekker. Je kunt de fudge heel lang bewaren in de diepvries of koelkast. Voor het fudgerecept heb je een suikerthermometer nodig.

Fudge

250 g boter
1 blikje (396 g) gecondenseerde melk
80 g golden syrup
800 g fijne kristalsuiker
½ vanillestokje
175 g melk
5 g Maldon zoutvlokken

(een dag van tevoren)

- Doe alle ingrediënten in een pan, behalve de zoutvlokken.
- Kook alles met behulp van een suikerthermometer tot 118 °C.
- Als 118 °C is bereikt, roer dan de zoutvlokken erdoor en giet de fudge in de kom van een staande tafelmixer. Laat de mixer met het vlinder-opzetstuk draaien totdat de fudge helemaal is afgekoeld. Gebruik geen garde-opzetstuk, daar is de fudge veel te hard voor.
- Stort de fudge op een met bakpapier beklede bakplaat en druk plat (met de hand of met een deegroller).
- Laat tot de volgende dag buiten de koelkast drogen.
- Snijd de fudge in blokjes en bewaar hem in een afgesloten trommeltje.

Recept gaat verder op blz. 121

GEKARAMELLISEERDE WITTE CHOCOLADE

250 g witte chocolade (35% vaste cacaobestanddelen)

(de volgende dag)
- Verwarm de oven voor tot 120 °C.
- Doe de witte chocolade in stukjes in een ovenschaal.
- De chocolade zal langzaam smelten, maar wordt ook een beetje droog en korrelig.
- Roer de chocolade ongeveer 1 uur lang om de 10 minuten om.
- Op een gegeven moment is de chocolade karamelkleurig en niet helemaal vloeibaar.
- Haal de chocolade uit de oven en roer hem mooi glad.

GANACHE

115 g slagroom
230 g gekaramelliseerde witte chocolade
(oftewel het resultaat van het recept hierboven)
15 g boter, op kamertemperatuur

- Verwarm de slagroom.
- Doe de gekaramelliseerde witte chocolade in een kom.
- Giet de warme slagroom over de chocolade. Doe de boter erbij en roer met een pannenlikker in het midden van de kom, steeds in dezelfde richting, tot alles goed gemengd is.
- Mix de ganache nog even met een staafmixer tot een mooie, gladde crème.
- Giet de ganache in de taartbodems en laat ze in de koelkast opstijven.
- Versier met blokjes fudge.

GANACHE VAN WITTE CHOCOLADE MET AARDBEI

Deze ganache lijkt net aardbeienroomijs. Wij versieren dit taartje met roze meringues en marshmallows, omdat het er zo feestelijk uitziet. Echt een taartje voor meisjes, al kiezen jongetjes dit taartje ook wel vaak in de winkel.

Marshmallows

Voor de marshmallows heb je fruitpulp nodig (zie blz. 55). Met dit recept maak je best veel marshmallows, het recept halveren kan niet. Je kunt de marshmallows in een afgesloten trommel gelukkig wel heel lang bewaren. Rol de marshmallows door gekleurde suiker: meng daarvoor 100 g fijne kristalsuiker met enkele druppeltjes kleurstof of limonadesiroop in een kom en laat de suiker op een stuk bakpapier op 40 °C in de oven drogen (dat gaat sneller dan op kamertemperatuur). De suiker kun je daarna maanden bewaren.
Je hebt voor dit recept een suikerthermometer nodig.

15 g gelatine
30 g water
200 g fijne kristalsuiker
63 g invertsuiker (online verkrijgbaar)
90 g water
67 g fruitpulp (zie blz. 55)
92 g invertsuiker
1 tl citroensap (vanillemerg erdoor is ook heel lekker)

(een dag van tevoren)

- Laat de gelatine 15 minuten in koud water weken en daarna uitlekken.
- Doe 30 g water met de fijne kristalsuiker en 63 g invertsuiker in een kleine steelpan met een suikerthermometer.
- Doe ondertussen 90 g water met de uitgelekte gelatineblaadjes, fruitpulp, 92 g invertsuiker en het citroensap in een kom. Een staande tafelmixer is hierbij handig.
- Zet de mixer alvast aan en klop het fruitpulpmengsel op lage stand.
- Verwarm ondertussen de suikersiroop.
- Als de thermometer 110 °C heeft bereikt, giet je de siroop onder voortdurend kloppen bij de fruitpulp.
- Zet de mixer steeds harder en draai de marshmallow helemaal koud.
- Strooi de gekleurde suiker op een met bakpapier beklede bakplaat.
- Doe het marshmallowmengsel in een spuitzak met een spuitmondje van circa 5 mm en spuit lange slierten op de met suiker bestrooide bakplaat.
- Laat de marshmallows 12 uur buiten de koelkast drogen.
- Maak knoopjes van de marshmallows.

TIP Je kunt ook marshmallowblokjes maken. Meng hiervoor 50 g poedersuiker met 50 g maïzena en bestrooi er een met bakpapier beklede bakplaat mee. Zet een ingevette vierkante bakrand op de bakplaat en vul deze met het marshmallowmengsel. Strijk glad en bestrooi met het maïzenamengsel. Laat 12 uur buiten de koelkast drogen. Snijd de marshmallow in blokjes en rol deze nogmaals door het maïzenamengsel.

Recept gaat verder op blz. 124

MERINGUE

2 eiwitten van biologische eieren
90 g fijne kristalsuiker
enkele druppels roze of rode kleurstof
90 g poedersuiker, gezeefd

- Verwarm de oven voor tot 100 °C.
- Klop de eiwitten met de fijne kristalsuiker en de kleurstof stijf.
- Spatel de gezeefde poedersuiker erdoor.
- Doe de meringue in een spuitzak met een gekarteld spuitmondje.
- Spuit rozetjes of andere vormpjes van de meringue.
- Laat de meringues circa 3 uur in de oven drogen.

GANACHE

100 g aardbeienpulp (van 150 g diepvriesaardbeien, of verse aardbeien)
16 g citroensap (van 1 citroen)
150 g witte chocolade
45 g slagroom

(de volgende dag)
- Pureer de aardbeien met een staafmixer of blender en zeef de pulp.
- Doe het citroensap bij 100 g aardbeienpulp.
- Hak de witte chocolade in stukjes.
- Doe de stukjes chocolade in een kom en smelt de chocolade in de magnetron of au bain-marie.
- Breng de slagroom met de aardbeienpulp en het citroensap aan de kook.
- Giet de kokende slagroom over de gesmolten chocolade. Roer met een pannenlikker in het midden van de kom, steeds in dezelfde richting, tot alles goed gemengd is.
- Mix de ganache nog even met een staafmixer tot een mooie, gladde crème.
- Giet de ganache in de taartbodems en laat ze in de koelkast opstijven.
- Versier met meringues en marshmallows of gewoon met een verse aardbei.

Petit gâteau
Petit gâteau
Petit gâteau
Petit gâteau
Petit gâteau

NOG MEER TAARTJES

Behalve fruit en chocolade, heb je ook andere heerlijke taartjes met bijvoorbeeld koffie, noten, soezen, slagroom, karamel...

MOKKA

Een 'mokkataart' is een heel ouderwetse Franse taart voor liefhebbers van koffie en crème au beurre.

(een dag van tevoren)

- Maak 1 recept **basisdeeg** (zie blz. 14) en bak de taartbodems af (zie blz. 17).
- Bewaar de afgebakken bodems in een trommel.
- Maak 1 recept **génoise** of **amandelbiscuit** (zie blz. 28). Verpak de biscuit in plasticfolie en bewaar in de diepvries of koelkast. Je hoeft dan de volgende dag alleen nog maar rondjes uit te steken.
- Maak 1 recept **koffiesiroop** (zie blz. 44). Als je de siroop een dag van tevoren maakt, dan is de siroop koud en klaar voor gebruik als je de taartjes gaat maken.
- Zorg ervoor dat je acetaatfolie, 5 cm hoog, in huis hebt.

(de volgende dag)
100 g amandelschaafsel
koffie-extract, naar smaak

- Verwarm de oven voor tot 150 °C.
- Verdeel het amandelschaafsel over een met bakpapier beklede bakplaat en rooster het circa 15 minuten.
- Maak 12 taartjes klaar om te vullen.
- Steek 24 rondjes (2 per taartje) van 5 cm doorsnee uit de biscuit.
- Knip een strook acetaatfolie van 22 cm lang en plaats de folie in de ring en maak een koker (zie foto's blz. 68-69). Druk daarna een afgebakken taartbodem in de koker.
- Maak de crème au beurre (zie blz. 60).
- Breng de crème au beurre op smaak met koffie-extract.
- Doe de crème au beurre in een spuitzak.

- Leg een schijfje biscuit in iedere taartbodem en bestrijk met koffiesiroop.
- Spuit de taartjes voor de helft vol met crème au beurre.
- Leg nog een rondje biscuit in de taartjes en bestrijk de biscuit opnieuw met koffiesiroop.
- Spuit de taartjes tot bovenaan vol met crème au beurre en strijk glad.
- Zet de taartjes 1 uur in de koelkast.
- Haal de acetaatfolie van de taartjes en plak het amandelschaafsel aan de zijkant rondom de taartjes.
- Doe wat crème au beurre in een spuitzak met een klein gekarteld spuitmondje en werk de taartjes af.

HAZELNOOTSCHUIMTAARTJE

In Frankrijk noemen ze dit taartje een *mystère* omdat er een verrassing in zit: de meringue.

(een dag van tevoren)

- Zorg ervoor dat je acetaatfolie, 5 cm hoog, in huis hebt
- Maak 1 recept **hazelnootdeeg** (zie blz. 20) en bak de taartbodems af (zie blz. 17). Bewaar de afgebakken bodems in een trommel.
- Maak 1 recept **hazelnootbiscuit** (zie blz. 30). Verpak de biscuit in plasticfolie en bewaar in de diepvries of koelkast. Je hoeft dan de volgende dag alleen nog maar rondjes uit te steken.
- Maak 1 recept **meringue**, maar dan zonder kleurstof (zie blz. 124).
- Volg het recept, maar neem voordat je de meringue opspuit een stuk bakpapier zo groot als de bakplaat.
- Teken met een potlood cirkels van 3½ cm doorsnee op het papier en draai het papier om, zodat er geen potlood aan de meringues komt.
- Spuit bolletjes meringue op en zet de bakplaat daarna in de oven.
- Maak 1 recept **praliné,** volgens de aanwijzingen hieronder.

PRALINÉ

100 g amandelen, geblancheerd
100 g hazelnoten, geblancheerd
30 g water
140 g fijne kristalsuiker
1 vanillestokje, gedroogd en gehakt

- Verwarm de oven voor tot 150 °C.
- Rooster de amandelen en de hazelnoten 15 minuten in de voorverwarmde oven.
- Doe het water met de fijne kristalsuiker in een kleine steelpan en kook de siroop met behulp van een suikerthermometer tot 117 °C.
- Doe vervolgens de nog warme noten met de stukjes gedroogde vanille in de siroop en blijf roeren tot de noten wit uitslaan. Zorg dat het vuur laag staat.
- Ga door met roeren tot de noten gekaramelliseerd zijn, stort ze daarna op een met bakpapier beklede bakplaat.
- Laat ze afkoelen en maal ze fijn in een blender. Eerst ontstaat er pralinépoeder, maar als je doorgaat krijg je pasta. Zet de blender zo nu en dan uit om te voorkomen dat de motor doorbrandt.
- Bewaar de praliné in een luchtdicht bakje.

Recept gaat verder op blz. 132

(de volgende dag)
100 g hazelnoten

- Verwarm de oven voor tot 150 °C.
- Verdeel de noten over een met bakpapier beklede bakplaat en rooster de noten circa 15 minuten.
- Hak de hazelnoten in stukjes.
- Maak 12 taartjes klaar om te vullen.
- Steek 12 rondjes van 5 cm doorsnee uit de biscuit.
- Knip een strook acetaatfolie van 22 cm lang en plaats de folie in de ring en maak een koker (zie foto's blz. 68-69). Druk daarna een afgebakken taartbodem in de koker.
- Maak de crème au beurre (zie blz. 60).
- Breng de crème au beurre op smaak met de praliné.
- Doe de crème au beurre in een spuitzak.
- Spuit een beetje praliné op de bodem en leg er een schijfje biscuit op.
- Spuit daarna een dotje crème au beurre op de biscuit en plak er een bolletje meringue op.
- Spuit wat crème au beurre rondom en op de meringue.
- Spuit een beetje praliné op de meringue.
- Spuit de rest van het taartje vol met crème au beurre en strijk glad.
- Zet de taartjes 1 uur in de koelkast.
- Haal de acetaatfolie van de taartjes en rol de taartjes door de gehakte nootjes en bedek ook de bovenkant.

SAINT-HONORÉ

Dit vind ik een van de mooiste taartjes uit de Franse patisserie: zo elegant.

(een dag van tevoren)

- Maak 1 recept **basisdeeg** (zie blz. 14) en bak de taartbodems af (zie blz. 17). Bewaar de afgebakken bodems in een trommel.
- Maak 1 recept **wittechocoladeslagroom** (zie blz. 61).

(de volgende dag)

- Maak 1 recept **crème pâtissière met vanille** (zie blz. 48).
- Maak 1 recept **soezendeeg**, volgens de aanwijzingen hieronder.

soesjes

100 g water
100 g melk
mespunt zout
mespunt fijne kristalsuiker
100 g boter
125 g bloem
225 g ei (ongeveer 5 biologische eieren), losgeklopt

- Verwarm de oven voor tot 200 °C.
- Breng het water met de melk, het zout, de fijne kristalsuiker en de boter aan de kook.
- Voeg de bloem in twee keer toe en roer ongeveer 5 minuten om het deeg te 'drogen'.
- Doe het deeg in een kom en laat even afkoelen.
- Voeg de losgeklopte eieren al roerend beetje bij beetje toe.
- Het deeg moet gaan glanzen en blazen trekken.
- Spuit tenminste 48 kleine soesjes van ongeveer 2 cm doorsnee, zo groot als een hazelnoot, en bestrooi ze met een beetje poedersuiker.
- Bak de soesjes eerst 25 minuten op 200 °C, en zet vervolgens de oven op 170 °C en bak de soesjes nog 10 à 15 minuten.
- Open de oven tot 5 minuten voor het einde niet.
- Bak de soesjes de laatste 5 minuten met de ovendeur op een kiertje om al het vocht te laten ontsnappen.
- Klop de wittechocoladeslagroom stijf en doe de slagroom in een spuitzak met een gekarteld spuitmondje. Bewaar de spuitzak in de koelkast totdat je de slagroom nodig hebt om de taartjes af te werken.
- Vul de taartbodems en soesjes met de crème pâtissière en leg ze in de koelkast.
- Haal de soesjes door de karamel (zie hierna).

KARAMEL

Voor dit recept heb je een suikerthermometer nodig.

80 g water
250 g fijne kristalsuiker
60 g glucosestroop (online verkrijgbaar)

- Doe de ingrediënten in een steelpan met een suikerthermometer.
- Als de thermometer 180 °C heeft bereikt, stop je het kookproces door de bodem van de pan in een kom met koud water te houden.
- Dompel de soesjes tot halverwege in de karamel en leg ze op een met bakpapier beklede bakplaat.
- Haal de taartjes uit de koelkast en leg op ieder taartje drie soesjes, met de karamelkant naar boven.
- Spuit de witte-chocoladeslagroom van beneden naar boven tussen de soesjes en spuit er een mooi rozetje bovenop.
- Leg ten slotte het laatste soesje op het rozetje.
- Eet de taartjes zo snel mogelijk op, want als je ze in de koelkast zet wordt de karamel vochtig.

AUTOUR DU MONDE

Ik vond het wel grappig om van bekende specialiteiten uit andere landen een klein taartje te maken. Misschien heb jij ook wel een leuk idee!

DULCE DE LECHE

LATIJNS-AMERIKA

***Dulce de leche* is een karamelpasta, gemaakt van gecondenseerde melk. Het komt uit Latijns-Amerika, maar uit welk land precies is niet echt duidelijk. In Argentinië wordt het in ieder geval heel veel gegeten.**

- Maak eerst 1 recept **basisdeeg** (zie blz. 14) en bak de taartbodems af (zie blz. 17).

1 blikje (396 g) gecondenseerde melk
1 tl vanille-extract of ½ theelepel kaneel

- Verwarm de oven voor tot 175 °C.
- Doe de gecondenseerde melk in een ovenschaal met het vanille-extract of de kaneel.
- Dek de schaal af met aluminiumfolie.
- Zet deze schaal in een grotere ovenschaal. Vul deze met warm water totdat de schaal met melk tot de helft onder water staat.
- Kook de melk 3 tot 3½ uur.
- Vul het waterniveau indien nodig zo af en toe aan.
- Controleer in het laatste uur zo nu en dan of de crème klaar is. De crème is klaar als hij karamelkleurig is.
- Laat de crème helemaal afkoelen en mix met een staafmixer tot een mooie, gladde crème.
- Spuit de crème in de lege, afgebakken taartbodems.

LINZERTORTE
OOSTENRIJK

Deze taart komt uit de Oostenrijkse plaats Linz en wordt beschouwd als de oudste taart ter wereld.

- Maak 1 recept **hazelnootdeeg** (zie blz. 20).
- Maak 1 recept **frambozenjam** (zie blz. 72).

- Verwarm de oven voor tot 160 °C.
- Rol het deeg uit en fonceer de taartjes zoals wordt beschreven op blz. 17.
- Vul de taartjes voor de helft met frambozenjam.
- Rol het deeg uit, snijd er dunne reepjes van en leg ze kruislings op de taartjes.
- Bak de taartjes in ongeveer 25 minuten gaar.

SCHWARZWALDER KIRSCHTORTE

DUITSLAND

Deze taart komt uit Duitsland en bestaat uit chocoladecake, slagroom, kersen en kirsch. Je kunt de taart ook met chocoladeslagroom maken. Ik geef beide versies.

(een dag van tevoren)

- Zorg ervoor dat je acetaatfolie, 5 cm hoog, in huis hebt.
- Maak 1 recept **chocoladedeeg** (zie blz. 18). Bewaar de afgebakken bodems in een trommel.
- Maak 1 recept **chocoladebiscuit** (zie blz. 29). Verpak de biscuit in plasticfolie en bewaar in de diepvries of koelkast. Je hoeft dan de volgende dag alleen nog maar rondjes uit te steken.
- Maak 1 recept **wittechocoladeslagroom** met 2 eetlepels kirsch (zie blz. 61).
- Maak 1 recept **purechocoladeslagroom** (zie blz. 61).
- Maak 1 recept **alcoholsiroop** met kirsch (zie blz. 45).

(de volgende dag)
1 potje kersen op siroop (350 g)
chocoladekrullen (blz. 100) of geraspte chocolade

- Laat de kersen uitlekken in een vergiet en dep ze droog.
- Doe een beetje sap door de alcoholsiroop (voor de kleur en smaak).
- Maak 12 taartjes klaar om te vullen.
- Steek 24 rondjes (2 per taartje) van 5 cm doorsnee uit de biscuit.
- Knip een strook acetaatfolie van 22 cm lang en plaats de folie in de ring en maak een koker (zie foto's blz. 68-69). Druk daarna een afgebakken taartbodem in de koker.
- Leg een schijfje biscuit in iedere taartbodem en bestrijk met siroop.
- Klop de wittechocoladeslagroom en de purechocoladeslagroom stijf en doe ze elk in een spuitzak met een glad spuitmondje van circa 1 cm doorsnee.
- Je kunt taartjes maken die aan de buitenkant wit zijn met een pure chocoladevulling, of andersom.
- Spuit bijvoorbeeld wittechocoladeslagroom op de biscuit en strijk de crème naar de zijkant en naar boven om de rand te maskeren.
- Leg wat kersen in het midden en spuit voor drie kwart vol met purechocoladeslagroom.
- Leg de tweede biscuit op de purechocoladeslagroom. Spuit af met wittechocoladeslagroom en strijk glad.
- Zet de taartjes in de koelkast of diepvries.
- Werk af met een of meer rozetjes slagroom, een kers en chocoladekrullen of geraspte chocolade.

PECAN-CHEESECAKE PIE

USA

Ik vond het wel leuk om twee Amerikaanse klassiekers – *pecan pie* en cheesecake – te combineren in een klein taartje.

- Maak eerst 1 recept **basisdeeg** en bak de taartbodems af (zie blz. 17).

PECANMIX

Voor dit recept heb je een suikerthermometer nodig.

100 g pecannoten, gehakt
50 g slagroom
50 g boter
80 g bruine basterdsuiker

- Rooster de gehakte pecannoten circa 15 minuten op 150 °C.
- Verwarm de slagroom.
- Doe de boter met de bruine basterdsuiker in een kleine steelpan met een suikerthermometer.
- Giet, als het boter-suikermengsel 112 °C heeft bereikt, de warme slagroom erbij. Roer de nog warme geroosterde pecannoten erdoor.
- Laat afkoelen.

CHEESECAKEMIX

150 g slagroom
60 g poedersuiker
420 g roomkaas (bijvoorbeeld van Philadelphia), op kamertemperatuur
scheutje vanille-extract

- Klop de slagroom met de poedersuiker stijf en zet in de koelkast.
- Klop de roomkaas met een scheutje vanille-extract los en spatel de slagroom erdoor.
- Doe de crème in een spuitzak en bewaar de zak in de koelkast.
- Vul 12 taartbodems met de pecannoten en strijk glad.
- Maak 12 taartringen klaar met acetaatfolie en duw de met pecan gevulde taartbodems naar beneden tot op de bodem.
- Spuit de taartjes voor ¾ vol met de roomkaas en vul af met een laag pecannoten.
- Zet de taartjes 1 uur in de vriezer om op te stijven.

MATCHATAARTJE MET AARDBEIEN

JAPAN

In de Japanse keuken wordt veel *matcha*, gemalen groenetheepoeder, gebruikt. Ook in de patisserie!

10,5 g matcha
30 aardbeien, niet gewassen
poedersuiker (optioneel)

- Maak 1 recept **basisdeeg** met 3,5 g matcha erdoor en bak de taartbodems af.
- Maak een **crème pâtissière** zoals op blz. 48 wordt beschreven maar voeg 7 g matcha toe.
- Vul de taartjes met de crème.
- Snijd 24 aardbeien in de lengte doormidden en 3 aardbeien in de lengte in vieren.
- Zet een kwart aardbei in het midden van ieder taartje en zet daar 4 halve aardbeien omheen.
- Bestrooi eventueel met een beetje poedersuiker.

CREMA CATALANA

CATALONIË

Deze crème lijkt op een crème brûlée maar komt uit Catalonië, en wordt op dezelfde manier bereid als een crème pâtissière. De taartjes op deze foto hebben we zodra we klaar waren met fotograferen in de winkel gelegd en ze waren meteen allemaal verkocht!

• Maak eerst 1 recept **basisdeeg** en bak de taartbodems af (zie blz. 17).

375 g melk
½ kaneelstokje
½ steranijs
merg van ½ vanillestokje
geraspte schil van ½ onbespoten limoen
geraspte schil van ½ onbespoten sinaasappel
75 g fijne kristalsuiker
3 eidooiers van biologische eieren
18 g maïzena
rietsuiker, voor erop

- Breng in een pan 200 g melk met het kaneelstokje, de steranijs, het vanillemerg, de geraspte schil van de onbespoten limoen en onbespoten sinaasappel en de helft van de fijne kristalsuiker aan de kook en laat 15 minuten trekken.
- Zeef de melk.
- Roer de eidooiers met rest van de melk (50 g), fijne kristalsuiker en maïzena in een kom tot een papje.
- Breng de gearomatiseerde melk weer aan de kook en giet dit bij het maïzenapapje.
- Giet alles terug in de pan en roer goed met een garde totdat de crème gaat koken en mooi is gebonden.
- Vul de taartjes met de crème en laat ze afkoelen.
- Strooi wat rietsuiker over de taartjes en karamelliseer het bovenste laagje met een brûléebrander.

BANOFFEE PIE

ENGELAND

De *banoffee pie* is een Engelse taart en bestaat – je raadt het al – uit banaan en toffee – karamel dus.

(een dag van tevoren)

- Voor dit recept heb je **dulce de leche** nodig (zie blz. 138).
- Maak 1 recept **wittechocoladeslagroom** (zie blz. 61).
- Maak 1 recept **basisdeeg** of **chocoladedeeg** (zie blz. 14 of 18) en bak de taartjes af (zie blz. 17). Bewaar de afgebakken bodems in een trommel.

(de volgende dag)
2 bananen
cacao, gedroogde banaan of geraspte chocolade, ter garnering

- Klop de wittechocoladeslagroom stijf en doe de slagroom in een spuitzak met een gekarteld spuitmondje.
- Snijd de bananen in plakjes. Leg een plakje banaan in de bodem, vul met dulce de leche en leg daar gehalveerde plakjes banaan op.
- Spuit een mooie rozet slagroom op de banaan.
- Versier met cacao, fijngehakte gedroogde bananen of geraspte chocolade.

PAVLOVA

NIEUW-ZEELAND OF AUSTRALIË

Dit dessert werd ter ere van de ballerina Anna Pavlova gemaakt, toen zij op tournee was in Nieuw-Zeeland en Australië in 1920. Beide landen zeggen dat het dessert van hen is. Maakt niet uit, het is in ieder geval meringue met slagroom en rood fruit. Goddelijk!

(een dag van tevoren)

- Maak 1 recept **basisdeeg** (zie blz. 14) en bak de taartjes af (zie blz. 17). Bewaar de afgebakken bodems in een trommel.
- Maak 1 recept **wittechocoladeslagroom** (zie blz. 61).
- Maak 1 recept **frambozenjam** (zie blz. 72).
- Maak 1 recept **meringue** (zie blz. 124) maar doe eerst het volgende:

· Neem een stuk bakpapier en teken er met een potlood rondjes van 4,5 cm doorsnee op.
· Verwarm de oven voor tot 100 °C.
· Maak de meringue volgens het recept en doe de meringue in een spuitzak met een gekartelde spuitmond.
· Draai het bakpapier met de rondjes om, zodat er geen potlood op de meringues komt. Spuit een soort 'nestjes' van de meringue.
· Laat de meringues circa 3 uur in de oven drogen.

(de volgende dag)
rood fruit
poedersuiker

· Doe een dot frambozenjam in de taartbodems, gevolgd door een dot wittechocoladeslagroom en strijk glad.
· Zet er een meringuenestje op.
· Spuit wat wittechocoladeslagroom in de meringue en versier met rood fruit en een beetje poedersuiker.

TIRAMISÙ AL LIMONCELLO

ITALIË

Hét Italiaanse dessert. In plaats van limoncello kun je ook koffie gebruiken, voor de klassieke versie. Wij vullen het taartje dan met chocolade- of koffieganache en leggen daar het tiramisùbolletje op.

- Maak 1 recept **basisdeeg** en bak de taartjes af (zie blz. 14).
- Maak 1 recept **biscuit cuillère** (zie blz. 35), of koop een pakje lange vingers of savoiardi (dat doe ik hoor).
- Maak 1 recept **alcoholsiroop** met limoncello (zie blz. 45).
- Maak 1 recept **lemon curd**, maar vervang de 35 g boter door 60 g boter en voeg, naar smaak, limoncello toe (blz. 79).

Voor dit recept heb je een suikerthermometer en 2 siliconen matjes met halve bolletjes van 5 cm doorsnee nodig. Er blijft tiramisù over, omdat we het recept niet kunnen halveren. Lekker om als dessert te eten in een grote schaal!

6 g gelatine
150 g slagroom
8 eidooiers van biologische eieren (de overgebleven eiwitten kun je invriezen)
40 g water
80 g fijne kristalsuiker
250 g mascarpone
rasp van 1 onbespoten citroen

- Laat de gelatine 15 minuten in koud water weken en daarna uitlekken.
- Klop de slagroom lobbig en zet in de koelkast.
- Doe de eidooiers in een kom. Een staande tafelmixer is hier handig.
- Doe het water met de fijne kristalsuiker in een kleine steelpan met een suikerthermometer.
- Als de thermometer 100 °C bereikt, begin dan met het kloppen van de eidooiers.
- Verwarm ondertussen de uitgelekte gelatine enkele seconden in de magnetron of au bain- marie. De gelatineblaadjes worden dan vloeibaar.
- Als de thermometer 119 °C bereikt, giet dan de suikersiroop bij de eidooiers en daarna de vloeibare gelatine. Draai de massa in de mixer helemaal koud.
- Roer de mascarpone met de geraspte schil van de onbespoten citroen glad in een andere kom en voeg het geklopte eidooiermengsel toe.
- Spatel de slagroom erdoor.
- Doop de stukjes biscuit in de limoncellosiroop.
- Spuit de holletjes in de siliconen vormen voor drie kwart vol met tiramisù, doe er een stukje biscuit in en strijk glad.
- Laat de tiramisù circa 3 uur in de diepvries opstijven.
- Vul de taartjes met lemon curd en zet er een tiramisùbolletje op.

KASTEELTJE

NEDERLAND

***Petit château*. Dit is – anders dan de naam misschien doet vermoeden – een typisch Nederlands gebakje. Het taartje ziet er op deze foto sprookjesachtig uit.**

(een dag van tevoren)

- Zorg ervoor dat je acetaatfolie, 5 cm hoog, in huis hebt.
- Maak 1 recept **basisdeeg** (zie blz. 14) en bak de taartjes af (zie blz. 17). Bewaar de afgebakken bodems in een trommel.
- Maak 1 recept **basisbiscuit** (zie blz. 26). Verpak de biscuit in plasticfolie en bewaar in de diepvries of koelkast. Je hoeft dan de volgende dag alleen nog maar rondjes uit te steken.
- Maak 1 recept **alcoholsiroop** met kirsch of Marasquin, naar smaak (zie blz. 45).

(de volgende dag)

- Maak 1 recept **crème au beurre** met het merg van een half vanillestokje (zie blz. 60).

1 potje amarenakersen (230 g)
roze marsepein

- Houdt 12 amarenakersen apart ter garnerning en hak de rest in kleine stukjes.
- Doe wat amarenasap, naar smaak, door de alcoholsiroop.
- Maak 12 taartjes klaar om te vullen.
- Steek 24 rondjes (2 per taartje) van 5 cm doorsnee uit de biscuit.
- Knip een strook acetaatfolie van 22 cm lang en plaats de folie in de ring en maak een koker (zie foto's blz. 68-69). Druk daarna een afgebakken taartbodem in de koker. Leg een schijfje biscuit in iedere taartbodem en bestrijk royaal met de siroop.
- Spuit wat crème au beurre in het taartje en leg gehakte amarenakersen erop.
- Leg weer een rondje biscuit in het taartje en bestrijk de biscuit lichtjes met de siroop.
- Strijk af met de crème au beurre en zet even in de vriezer om aan te vriezen.
- Rol de marsepein uit tot 2 mm dik. Snijd 12 stroken van 22 cm lang en 8 cm breed.
- Vouw de marsepein om de taartjes en aan de bovenkant naar binnen.
- Spuit er een rozetje slagroom op en versier met een amerena- of verse kers.

NAWOORD

Un grand merci!

Merci les enfants, je vous adore!
Lieve Louis, merci voor de prachtige dō-filmpjes.
Lieve Lucas, merci voor het harde werken aan de fotoshoots.
Lieve Jules, merci voor het bedenken van de heerlijke Magnum®-taartjes.
Lieve Amy en Miles, merci voor het deel uitmaken van notre famille.

Lieve Patrice, merci d'être toujours là pour moi. Je t'aime!

Lieve Brechtje, merci voor alle bestellingen.
Lieve Meis en Pippa, merci voor het proeven van de taartjes.
Lieve Marthe-Geke en Barend, merci voor de mooie vriendschap en voor het altijd klaarstaan.
Lieve Soetkin, merci voor de grappige filmpjes voor dō.
Lieve Tein, merci voor het prachtige design van dō.

Lieve Jacky, merci voor je loyaliteit en voor de mooiste macarons.
Lieve Gabrielle, merci voor de recepten van de marshmallows en de fudge en voor de fijne samenwerking.
Lieve Tania, merci voor het traditionele recept van het kasteeltje.
Lieve Diogo, merci voor de immer perfecte croissants.
Lieve Elsa, merci voor je enthousiasme en goede humeur.
Lieve Heinie, merci voor je expertise in de verkoop.
Lieve Renée en Nicole, merci voor alle fijne momenten samen en de prachtige foto's en styling.
Lieve Claire, Bert en Wouter, merci voor het uitgeven van dit derde boek.

REGISTER

Karamelmousetaartje met peer of appel

Roodfruitmousetaartje

100% choco